# 普惠金融

## 科技引领商业变革

［美］

**狄奥多拉·劳**
(Theodora Lau)

**布拉德利·莱默**
(Bradley Leimer)

著

**武云飞**

译

HOW TECHNOLOGY IS LEADING
A PURPOSE-DRIVEN BUSINESS
REVOLUTION

中国科学技术出版社

·北　京·

Beyond Good: How Technology is Leading A Purpose-driven Business Revolution by Theodora Lau and Bradley Leimer

Copyright © Theodora Lau and Bradley Leimer , 2021

This translation of Beyond Good is published by arrangement with Kogan Page.

北京市版权局著作权合同登记　图字：01-2022-3019

**图书在版编目（CIP）数据**

普惠金融：科技引领商业变革 /（美）狄奥多拉·劳,（美）布拉德利·莱默著；武云飞译 . —北京：中国科学技术出版社，2022.6

书名原文：Beyond Good: How Technology is Leading A Purpose-driven Business Revolution

ISBN 978-7-5046-9533-8

Ⅰ . ①普… Ⅱ . ①狄… ②布… ③武… Ⅲ . ①金融体系—研究 Ⅳ . ①F830.2

中国版本图书馆 CIP 数据核字（2022）第 064320 号

| | | |
|---|---|---|
| 策划编辑 | 杜凡如　刘　畅 | |
| 责任编辑 | 杜凡如 | |
| 版式设计 | 蚂蚁设计 | |
| 封面设计 | 马筱琨 | |
| 责任校对 | 邓雪梅 | |
| 责任印制 | 李晓霖 | |

| | | |
|---|---|---|
| 出　　版 | 中国科学技术出版社 | |
| 发　　行 | 中国科学技术出版社有限公司发行部 | |
| 地　　址 | 北京市海淀区中关村南大街 16 号 | |
| 邮　　编 | 100081 | |
| 发行电话 | 010-62173865 | |
| 传　　真 | 010-62173081 | |
| 网　　址 | http://www.cspbooks.com.cn | |

| | | |
|---|---|---|
| 开　　本 | 880mm×1230mm　1/32 | |
| 字　　数 | 182 千字 | |
| 印　　张 | 9.25 | |
| 版　　次 | 2022 年 6 月第 1 版 | |
| 印　　次 | 2022 年 6 月第 1 次印刷 | |
| 印　　刷 | 北京盛通印刷股份有限公司 | |
| 书　　号 | ISBN 978-7-5046-9533-8/F·1003 | |
| 定　　价 | 69.00 元 | |

（凡购买本社图书，如有缺页、倒页、脱页者，本社发行部负责调换）

谨以此书献给我们的家人和朋友，

以及所有埋头苦干、推动社会进步的工作者!

# ▪ 序言 ▪

在受邀为本书作序时，我欣然接受，当时我们所处的环境与现在有很大的不同。但即便在过去，在全球新冠肺炎疫情和第二次世界大战以来最严重的经济衰退出现之前，西奥多拉和布拉德利的观念就足以发人深省——面对严峻的社会问题，通过写书来邀请并激励商业领袖们扮演更重要的角色。此外，他们也认为可以通过金融服务业中的数字革命告知公众，科技的运用能够成为推动社会包容和公平的"催化剂"。

我很欣慰地在西奥多拉和布拉德利的项目上签名，因为我也深感社会对变革的迫切需要。早在2020年之前，变革的呼声就已出现。在美国历史上最漫长的经济扩张过程中，数百万员工的经济和身体健康状况持续恶化。放眼全球，尽管国与国之间的发展不平衡正在缩小，尽管数千万人脱离了极度贫困，但各国国内的不平等前所未有地拉大，社会和谐遭到破坏，政治两极分化日趋严重。

进入2020年，新冠肺炎疫情的出现以及各国采取的封闭管控措施充分暴露出发展不平衡导致的断层，也体现出各国之间的紧密联系。如果说疫情前对商业的社会目的性呼声在增加，那么疫情的出现则极大地推动了这一进程。

一夜间，那些鼓吹商业在经济发展中扮演主导作用的论著被拉下神坛，而劳动者在经济中的重要性开始显现。现实向人们展示了消费型经济模式的脆弱，当劳动者的资金流动不稳定、以贷养贷、购买力下降时，消费型经济会出现断崖式的下跌。

疫情期间各国经济是否能够保持稳健，在很大程度上取决于科技在经济生活方面的参与度，从远程办公到远程医疗再到数字支付都体现了这一点。同时已经有案例证明，那些注重将数字金融与政府安全网络项目进行融合及协同工作的国家在疫情中具有更好的经济弹性，经济复苏也更加迅速。

与之相反，面对困境时，很多国家并未获得成功，发生在黑人、原住民和其他有色人种社区中的暴力事件时刻提醒我们未来还有很长的路要走。对于各行各业的领军者，他们也认识到将充满雄心的创新思维用于解决核心问题的重要性。当制定好能有效解决上述问题的措施后，这些措施将为其国民提供金融安全、更好地维护个人尊严，也将为各国提供弹性机制、更好地促进经济复苏。

当前的社会纷繁复杂，我们也借此机会抛砖引玉。当然，仅凭本书尚无法回答所有的社会问题，我们也希望能和读者一起推动社会的进步。

本书的出版使其和当前出版的其他刊物构成一体，它们共同关注边缘化的事物，探讨关于未来发展的技术与构架方面的机遇。

鉴于未来还有很多启迪性的事物，鉴于前方的路上还有很多未完成的事业，鉴于我们目前正处于时代的拐点，其间商业领导力正变得空前重要，时机也成为决定成败的主要因素，请广大读者垂阅本书。

——伊达·拉德马赫（Ida Rademacher），

阿斯彭研究所副总裁兼阿斯彭金融安全计划执行董事

# ■ 目录 ■

# ◼ 引言 ◼

真正的专业人士都乐于不断超越自我，始终致力于消除社区的悲痛，为不幸的人创造更好的生活。

——鲁斯·巴德·金斯伯格，

美国联邦最高法院大法官（Ruth Bader Ginsburg）

## 不故弄玄虚

本书的创作并不仅仅是为了传播一般的商业知识。我们不打算填鸭式地将其他学者面临的困境呈现给读者，也不会去歌颂某次商战中运用的技巧。本书的目的不是教会读者如何变得敏锐，也不会要求读者按照既定方案去变得更好。我们将这本书视为通往未来的指引。它就像是一张地图，让读者能够探索那些他们不经常发现的区域；又像是一个让人忌惮而不敢开启的宝箱。本书的内容主要关于迅速增长的人口和一场影响商业模式的变革，书中刻画了一个充满共鸣的世界，然而在这里数据点却经常被忽视。同时本书想要展现的并不是类似于达沃斯会议的进展承诺，来自布鲁塞尔、北京或者华盛顿特区的政策，抑或是在城市夜间明亮灯光下举行的董事会

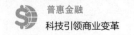
辩论。本书的创作旨在开启一场关于未来的重要对话——一个更好的未来。在那里，每个人都主动为他人着想，寻求满足社区内每位成员的需求和愿景。

本书描绘了一个更加包容的明天，一个实现了最大程度普惠和更深层次企业责任感的未来。本书是一场关于社会契约的范式转变，这场变革旨在通过覆盖全行业的科技来让人们获得金融服务并对其进行优化。同时本书也刻画了一个全新的经济实况，一种在之前并未充分讨论过的经济类型。这些变化不是正在逼近，而是早已存在，其对社会产生的影响也注定会不断增加。在各大洲的主要街道上，这类变革早已被人察觉。而当前，这场变革终于对大企业的思考方式发起挑战，同时受到冲击的还包括那些能够在纽约、伦敦、香港、上海等大都市里的高级办公室工作的少数幸运儿。

通过探索数据背后的故事，我们希望能够激励读者采取行动。同时身处"前线"的人已经产生了影响，我们希望通过了解他们的行动和渴望，让读者得到一丝慰藉：在从不同角度对未来进行思考时，你并不孤单。我们也希望读者能够有决心采取行动并主动获取改变明天的能力。当我们深入研究如何在企业中融入同理心时，我们将思考采用何种方法来改善我们自己的社区，以及改善我们的社会和联系日益紧密的世界。

## 希望之地

人类区别于其他物种的一个基本要素是具备希望。我们乐于构思一个美好的未来，也秉持着一些理念。例如，我们在一生中会优先选择完成重要的事情，我们是某个大集合中的一分子。在我们年少时，大多数情况下，生活并不像现在这般复杂，身上的责任也似乎更少，希望和乐观也更容易获得。长大后我们开始思考，你想成为什么样的人呢？想让自己的生命产生什么样的影响？对于这些问题的回答看似直截了当，回答时却充满各种可能，并可能引发一些严肃的思考，对于成年人而言尤其是这样。但当你问一个小孩这些问题时，答案就会简单许多。因为孩子们的回答往往充满乐观、充满希望。在他们的世界中，无论选择做什么，都会无条件地彼此帮助。

我们的社会在发生着变迁，新兴科技和商业模式的转变塑造着我们的归属感，强化了人与人之间的责任意识，影响了我们在生活中做决定的过程。从社会中的每个元素，到社区的每个角落，再到每个企业的构成，我们都必须怀着同样的憧憬。只有在希望的光芒下，我们才能重新订立社会契约，获得新的方法来评估企业的价值。

所有的梦想家、不安于现状者、变革驱动者、打破陈规者、那些挑战商业模式与目标的人、企业中的"叛逆者"、继往开来的"夏尔巴人"、低调做人高调做事的人、那些有独特想法的人，以及每一位致力于打造包容社会和美好未来的辛勤工作者，请加入我们这场通往希望之地的旅程。

第一章

# 变革的大潮

变革不会垂青守株待兔之人。每个人自身都是自己在等待的人，可以做出自己期待的改变。

——巴拉克·奥巴马（Barack Obama）

# 从优秀到卓越

在《从优秀到卓越》（*Good to Great*）一书中，吉姆·柯林斯（Jim Collins）提出了一个发人深省的问题：为什么一些优秀（甚至平庸的）企业能够成长为卓越的业内常青树。柯林斯和他的研究团队回顾了1435家企业在40年间的股票走势，并选取其中11家企业进行了深度的探讨，主要研究了它们取得成功的关键领域。柯林斯的研究论证了将匹配的人才引入公司的重要性以及正确的领导者对企业经营方向的意义。同时，其研究也表明将那些无法完成基本任务的员工开除对企业也很重要。

在《从优秀到卓越》中，柯林斯发现当公司的顶端执行者集中精力关注发展机遇时，公司的发展呈现最好的状态。原因是这些企业领导人自身具备类似"刺猬式"的优势，在企业核心业务方面，他们有自身的看家本领，他们对自身技能的培养充满热情，保证自己成为该领域的翘楚，同时也使得其技能成为推动公司前进的引擎。柯林斯定义的最伟大的11家公司包括医药创新企业雅培实验室，目前纯线上经营的美国电路城公司，剃须刀及刀片产商吉列公司（后被宝洁公司收购），美国连锁药企沃尔格林公司以及当下丑闻缠身的美国富国银行等。该书在分析这类公司时，领导力在商业模式中的重要性开始显现，主要体现在其制定的宏伟艰难又大胆的目标以及敢于直面残酷现实的特点。同时，这类企业也对自身的市场表现始终保持关注。成书于互联网大爆炸的时代，在全球商业环境复苏的背景下，《从优秀到卓越》也合时宜地将关注点放在了价值、盈利能力和可衡量增长几个指标上。

"飞轮式"商业模式的开发是柯林斯发现的另一重要领域，这与彼得·蒂尔（Peter Thiel）在其著作《从0到1》（Zero to One）中提到的商业词汇含义相近。当一种独特的商业想法与科技结合时，"飞轮式"商业模式会成为企业发展的推进剂。凭借每年超过30万册的销量，《从优秀到卓越》持续影响着商业领袖们。在这样的背景下，我们是否应该重新审视其中蕴含的道理？对于全球的商业领袖们来说是否应该打造一种与以往不同的中心化商业模式，从而对所服务社区的外部情况给予更多的关注？

自2001年出版以来，《从优秀到卓越》见证了多次社会变革和商业模式的迭代。尽管柯林斯和他的研究团队已经对该书进行多次改版更新——包括其另一本著作《选择成就卓越》（Great By Choice），但随着多样化、气候变化和可持续投资重新获得关注，以股票市场表现来判定成功领导力和高管薪酬标准的做法变得逐渐不合时宜。

近几十年来，关于优秀商业模式的判定标准一直是仁者见仁。从硅谷到伦敦，再到其他风投中心，相关的论断总是不断变化。对于全球的初创企业来说，绝大多数在其成立初期也始终坚持私有化，对公共市场退避三舍。对于风险驱动的团队，这是非常典型的商业模式。同时这些初创企业选择的经营模式往往惊人地相似，其目的往往是通过打造"飞轮式"商业模式来获得市场份额，促进企业成长。尽管盈利能力无法保证，很多企业创始人和投资人仍然将保证资金出口通畅作为重中之重。几乎在世界各地的各种投资领域，这种情况屡见不鲜。

这些初创企业的商业模式与柯林斯团队所倡导的有很大相似性。其主要思想是通过打造维护企业自身优势的"护城河"来更好地保护企业资产。尽管在对付大多数竞争者时，这一方法无懈可击，但本质上，这一方法与柯林斯提出的"刺猬式"自我保护商业模式并无区别。

那些倡导精益、敏锐，强调行动迅速，打破陈规的理念与富国银行所提倡的激进效率观念极为相似。这一理念的出现早在脸书成立之前，也比《从优秀到卓越》出版的时间早出许多。至于那些股权私有，市值超过10亿美元的风投独角兽公司，他们的商业模式也与传统企业差别较小。风险投资驱动型的商业模式看似已经改变了企业的组建方式，以及资金筹措和发展方式，但我们也一定要问一个问题：难道所谓的商业模式变革就是这样吗？

各类商业书籍尽管书名不同，讲述的概念却基本相同。在这类讨论中，关于商业模式目的的研究处于核心地位。而随着当前主流书刊的发行，我们对这一问题的思考也更加深入。我们不禁联想，为什么全球商业文化的关注点还是集中于大股东，而没有拓宽至所有的持股人？当成功企业的定义发生改变时，当企业的好坏不再仅仅局限于市场表现和盈利能力时，我们又该如何评判一个企业的价值呢？

我们必须开始着手将企业创造的积极与消极结果联系起来，从而打造长期的、更广泛的社会生存能力。各行各业的商业领袖们都应该不断完善并重新定义他们的商业成果，从而提供更多的普惠利益。对于企业来说，如果要想和他们服务的社区订立新的社会契约，现在正是时候。

大大小小的企业在过去的两个世纪基本扮演着同样的角色。但现在他们应该进行改变了。苏格兰经济学家亚当·斯密（Adam Smith）在其1776年出版的《国富论》（*An Inquiry into the Nature and Causes of the Wealth of Nations*）中，首次提出了"看不见的手"这一概念。

他的基本观点是："每个自由人在参与经济活动、做决定时，主要关注点都是自身的利益，并据此作出相对理性的决定，进而造福整个社会。尽管在这一过程中，社会的普惠可能并不是个体公民的关注点或本意。"作为现代经济学奠基人，亚当·斯密反对政府介入或管控经济活动，认为此举没有必要，也没有益处。在他看来，公民（以及企业）自身的行为最终会有助于社会发展，并实现普惠。但反观现实，大多数个人、企业乃至全球经济并没有呈现出这样的态势。与之相反，世人看到的是发展不平衡日益加重，而排

他性的商业行为更加剧了这一进程。

在这一大背景下，我们又该如何定义企业的"好"与"坏"呢？对于那些不仅仅追求利益和自我保护的企业，我们也许可以把这些企业定义为"卓越企业"；但现在我们需要一个更加具体的模式，使企业能够为每一个持股人创造价值，进而造福社会。因此，在接下来的内容中，本书将首先介绍在各行各业重新订立企业目标背景下，什么样的企业称得上是"卓尔不群"，企业又该采用何种方式实现卓越。

## 星火燎原

即使是小火苗也能"点燃"一场革命。在人类历史上，这类变革方式屡见不鲜。从政治事件到社会运动，从人口迁移到经济变革，每次巨变最初都是由小事件引爆的。对于商业周期和商业模式，这一规律也同样适用，资本以时代精神为燃料，不断运作。随着企业不断做大，商业模式和汇报结构变得更加复杂，企业与客户和社区的联系也日渐疏远，一些变化也逐渐在企业内部开始出现。在过去的几十年间，风险投资和新兴企业受到追捧，硅谷模式也被人奉为金科玉律，这一切都显现出企业利益被置于企业目标之上的特点。

提起世界上的家喻户晓的企业家，我们通常会联想到那些伟大的科技公司创始人，诸如惠普公司的比尔·休利特（Bill Hewlett）、戴维·帕卡德（David Packard）、穆罕默德·阿塔拉（Mohamed M.Atalla）、苹果公司的史蒂夫·乔布斯（Steve Jobs）、史蒂夫·沃兹尼亚克（Steve Wozniak）、罗纳德·韦恩（Ronald Wayne），关于这些企业的故事也会映入我们的脑海，比如在车库里开创企业等。许多伟大企业在起步阶段都很渺小，企业理念也会面临各种冲击。在很多情况下，困难来得猝不及防，在任何时间、任何地点、任何阶段都可能出现问题——麦当劳创始人雷·克拉克（Ray Kroc）在52岁才开始构建麦当劳的全球产业链。通常情况下，那些饱经风霜的人往往能打造出最为合理的商业模式。

此外，如何在逆境中存活也对企业的成功和影响力至关重要。很多时候结果好坏参半，很多在建立伊始表示不会损害社会的科技企业在后来往往选择与现实妥协，从其商业模式中便可以看出。因此，要想让企业健康发展，必须有第二道保险，从而避免出现排他和边缘化问题的出现。

"卓而不群"的商业模式往往能够主动适应周边变化的环境，包括人口结构变化、客户需求变化以及观念的更新。对一家企业来说，规模的大小有时并不重要，因为各行各业的公司，无论大小，都对所在社区的社会结构产生影响，而小型公司在这一过程中起着引领的作用。同理，能成为业界"常青树"的公司，往往更多关注公共利益，不仅因为其有利于经济效益长期向好，也因为这么做从根本上讲是正确的。

在1916年，一位胸怀大志的木工奥利·柯克·克里斯第森（Ole Kirk Christiansen）在丹麦比隆开始经营一家家具制造公司。在1924年，一场火灾将他的公司化为灰烬。像很多充满斗志的企业家一样，克里斯第森决心重整旗鼓，建一座更大的工厂。然而在新公司成立不久，金融危机带来的大萧条再次给产品销售造成影响，原本重振信心的家具公司又一次面临重压。祸不单行、处于低谷的克里斯第森又经历了丧偶和两场发生在公司的火灾。但在经历了这些后，克里斯第森的公司最终涅槃重生。可以说，悲剧有时反而孕育着新的机遇。

克里斯第森之后选择从家具制作业转行，开始进行木质玩具开发。为此，他进行了多次试验并最终制作出一整套连锁式积木。第二次世界大战后期，克里斯第森和儿子戈德弗雷德（Godtfred）购入一套塑料注射成型机，并在1949年为其制作的"自动组装积木"申请了专利。在1953年，这类叫作"乐高摩登"的积木开始被人熟知，为了与公司名称保持一致，它们也被称作乐高积木，乐高在丹麦语里正是"玩得好"的意思。

乐高公司的故事绝不仅仅在于它的积木，乐高公司的发展本身也是一种变革。如今的乐高早已提出新的发展目标——为社会进行变革。乐高主动倾听顾客的反馈，时刻关注世界的变化，对改善环境始终持积极的态度，同时关注其自身在可持续生产模式方面的国际影响力。乐高已开始使用植物性聚乙烯生产玩具，并计划在2030年实现乐高产品线和制造过程的可持续发展。今天，乐高玩具遍布

140多个国家和地区，超过1亿儿童在使用乐高玩具。正如福布斯撰稿人西蒙·梅恩沃林（Simon Mainwaring）所说，"乐高玩具塑造并定义了一代建设者、实干家和梦想家，这一举动将对文化交流乃至整个世界都产生积极的影响"。

乐高的故事向我们展现出了不屈不挠的精神，乐高可以教给我们的还远不止这些。它更像是一个剪影，代表了那个时代的一批传统企业，它们依靠传统价值观组建，历经战火，并不断进行变革来满足不断变化的客户和社会。它们将股民的利益置于股东之上，并在长远上实现了更高的股息红利收益。随着越来越多的企业乃至行业开始向目标导向的发展模式转变，本书也将以此为主题进行更多的阐述。

## 长寿成为新常态

我们正在面临前所未见的人口结构变化，一场人类有史以来经历的最为显著的转变：长寿正在成为一种新的趋势。在整个亚欧大陆，人均寿命明显增加，这些地区65岁及以上的人口数量增速最快。

以下结果来自联合国发布的《世界人口展望报告（2019年）》和一家非营利的独立研究所的调查数据。

- 在2018年，全球65岁以上人口第一次超过5岁以下儿童人口的数量。

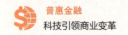
- 到2040年，四分之一的美国劳动人口的年龄将超过55岁，工作性质也将发生转变。
- 到2050年，全球六分之一的人口年龄将超过65岁（16%），而在2019年这一比例仅为十一分之一（9%）。
- 到2050年，四分之一的欧洲和北美人口的年龄将超过65岁。
- 到2050年，全球老龄人口的数量将超过5岁以下人口数量的两倍，届时随着65岁以上人口的数量增加至15亿人，其人数也将超过15岁到24岁的人口数（13亿）。

在过去的一个世纪中，全球人口平均寿命增加了30岁，目前已经达到了72.6岁。与此同时，人类不仅仅活得更长久，生活方式也在发生变化。随着社会活力的迸发，人们开始推迟组建家庭的时间，转而把更多时间放在职业技能的培养上。因此，我们可以看到，在一些岗位上，老中青三代在并肩工作。但同时，我们也看到传统的退休年龄界限正在变得模糊，随着对工作灵活性、成就感和收入的追逐，临时工作也变得越来越普遍。老年人的再就业对于个人和社会都是非常重要的议题。在包括美国在内的很多国家，老年人即将成为工作可持续性的重要驱动力。为了让高龄人群更好地发挥余热，我们必须重新对老年进行定义。

尽管变老是人之常情，但变老的方式往往因人而异。在制定针对老年人的相关政策时，不应该只强调"高龄"，而应该把关注点放在如何让老年人充分利用身体健康阶段的时间。英国经济学家，伦敦商学院经济学教授及前任副院长安德鲁·斯科特（Andrew

Scott），在谈到人均寿命增加时表示："长寿的定义应该贯穿一个人的一生，而不仅仅指生命结束时间的推迟。人均寿命延长显示出我们的社会正在经历的不仅仅是高龄人口的增加，同时高龄人口的生活方式也在发生改变。"

在发达国家中，随着出生率的下降以及劳动人口的减少，各国政府即将面临经济增长放缓和社会保障网络不健全带来的压力。想要改变现状，各国需要增加妇女和高龄人口的劳动参与率，同时重新审视本国的移民政策。根据联合国相关机构的统计数据，到2030年，全球65岁以上人口中的过半数将主要集中于亚洲。届时，新加坡、日本、韩国、中国及其香港地区与台湾地区人口的寿命将进一步延长并超越美国。

更有甚者，一些国家可能会面临人口下降的情况。在日本，这一情况已经持续多年，并仍在继续。自2010年以来，共有27个国家出现人口负增长，负增长率超过1%。根据联合国的统计，在未来30年，这一数字将会翻倍，主要原因是中国的人口预计将减少。

为了一探究竟，我们选取三个国家，对人口趋势进行更为深层次的研究。首先以新加坡为例，该国人口寿命在全球位居前列；其次为拥有欧洲地区最低出生率的西班牙；最后是日本，为应对人口下降，该国开始考虑重新调整移民政策。

### 聚焦新加坡

新加坡政府发布的数据显示，到2020年6月，新加坡总人口

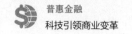

不到600万人。随着出生率下降和人均寿命的延长，该国人口结构呈现倒金字塔状，高龄人口数量正快速超越年轻人的数量。

为了更好地利用人均寿命延长这一趋势，高龄公民需要确保自身健康，拥有更多储蓄并延长工作时间。但是这些无法依靠他们独自完成。为了鼓励健康的生活方式，新加坡政府在其国家健康战略方面与苹果公司合作，利用苹果智能手表推出健康应用LumiHealth。该国政府利用相关技术和行为研究，希望能够鼓励老年人养成健康的生活方式。该应用具有个性化提醒、计划、活动指导和奖励功能。

为鼓励员工延长在职时间，新加坡政府延长了退休年龄，同时也提高了就业年龄的上限。

通过促进就业配套政策，新加坡政府鼓励企业提供渐进式的、对老年人友好的工作岗位。因此，新加坡已在过去10年间实现了老年人工作参与率的持续提高，是经合组织（OECD）成员中老年人劳动参与率最高的几个国家之一。

但是，想要进一步提高老年人口的劳动参与率，仅仅依靠延长退休年龄还远远不够。为此，新加坡政府特提出"未来技能计划"来积极推动终生学习，不论是在校生还是加入工作岗位的老中青年人，不同起点的公民都能够进一步强化自身技能，同时不断学习新技能。这类倡议不仅有利于想要改变职业的老年工作者，也有助于调整经济模式，从而使人们更好地接纳新科技，如人工智能。此外，面对工业4.0，这类倡议也有利于提高劳动人口素质，保持其劳动力的竞争力。

例如，通过与IBM合作，新加坡政府提出了"新心相连中途转业人士见习计划"。作为"未来技能"倡议的一部分，该计划推出了技能导向型混合式学习全日制课程——"活力迸发"。该课程主要面向处于职业发展中期的专业人士，致力于将他们的专业技能与数字能力结合，从而更好地满足产业发展的要求。该项目课程由IBM技能学院策划，课程内容主要包括人工智能和网络安全。同时IBM还将在课程结束后为合格的候选人提供就业机会。

## 聚焦西班牙

西班牙的人口现状为各国提供了有趣的借鉴。尽管其总人口在不断增加，西班牙依然在一步步向老龄化迈进。根据经合组织预测，到2050年，西班牙人口中的老年人口比例将在全球位居前列，成为仅次于日本的第二大人口老龄化国家。尽管健康的生活方式提高了人们的寿命，但女性的育儿率明显下降，平均育龄也上升到32.1岁。自20世纪80年代开始，西班牙的出生率开始下降，每位妇女的育儿数下降至2.1人，而这已经是西班牙想要维持人口数量稳定的最低标准。

但是西班牙有一点与众不同（特别是与日本相比），该国拥有较高的移民引入率，成为推动其人口增长的主要动力。

在1998到2009年，移民占西班牙的人口比例从1.6%跃升至12%——为欧盟各国中的最高比率。但随着当前西班牙移民政策收紧，新增移民数量开始出现波动，这势必将影响西班牙的人口增长，并进而影响与之相关的金融和护理行业。与其他经合组织成员相比，西班牙的人均医疗支出比欧盟平均水平低15%；在人口寿命方面，西班牙各地的差异并不明显。

与日本和其他老龄化国家相同，西班牙政府要解决的一大挑战便是老年人的孤独问题。因此，合住房屋社区在很多欧洲国家开始兴起，包括德国、丹麦、荷兰、英国和西班牙，这一措施有利于打造健康、活跃的老年生活，也有利于增强几代人之间的联系。在老龄友好型城市建设方面，西班牙毕尔巴鄂可作为其他城市参考的模板。

面对全球人均寿命延长，我们仍显得力不从心。为更好应对这场快速变化的人口趋势，我们需要打造一种新的同理心，同时我们也需要为社会契约打造新的根基。随着社会老龄化加剧，社会对护理人员和老年病学家的需求增大。很多国家也面临着护理人员断层的问题，各国对健康护理工作者的需求远远超过相关专业人才的数量。而将全球工作人口与老龄人口数量进行比较时，潜在支持比也在不断下降。在这其中，日本的人口潜在支持比依旧位列全球最低。在人口老龄化过程中，城市化也为人口压力雪上加霜，越来越多的人从农村迁到城市工作，而年老的父母被留在家中。在2009年，全球城市人口首次超越农村人口。在未来几十年中，全球农村人口将渐渐保持稳定，但最终仍将下降，而城市人口特别是全球特大城市的人口仍将继续上涨。

没有政策上的改变和创新举措的出台，我们对社区老年人的关爱能力将会受到严峻挑战，也将给社会服务支持系统带来巨大压力。不论是将老年看护做成商品化服务还是将其纳入惠及人人的社会福利体系，变革的需求都已经箭在弦上。我们必须尽快落实相关举措，如使用创新方法来满足人口老龄化经济的需求，抑或是利用老年人的生活经验来补充两代之间不断变化的劳动力缺口。

应对人口老龄化问题，我们未来发展目标不应只是满足老年人生存需求，而是让老年人的生活丰富多彩。为此，我们应该直面老龄化社会带来的挑战和机遇。同时各类举措，无论大小，都应尽快出台。只有这样我们才能更好地应对这一正在袭来的人口变化大潮。

### 聚焦日本

截至2030年，日本将成为一个超老龄化国家，届时其国内65岁及以上人口在其总人口中的占比将达到28%。

今天，日本的平均人口寿命是85岁，其中男性平均寿命81.25岁，女性平均寿命87.32岁；这体现出日本社会的良性发展，主要归功于该国健康的饮食、积极的生活方式以及针对老年人的先进健康服务。但另一方面，老龄化导致的人口下降也给日本社会带来了显著影响。相关机构数据显示，到2050年，日本人口将从2019年的1.26亿人下降至1.07亿人。到2060年，这一数字有可能降至8700万人。自1899年以来，日本的出生率首次下降5.9%，新生人口低于90万人。与此同时，该国也经历了自第二次世界大战以来最高的人口死亡率，仅2019年，日本死亡人口数就达到了1400万人。

在人口寿命和生活健康程度提高的同时，日本国内生育率不断下降的趋势也因高额的生活成本和子女抚养费而加剧。此外，日本自古以来就对引入移民持保守态度。当前人口现状将影响该国保持其现有生活方式的能力。此外，由于健康护理人员数量较少，日本的老年看护问题也不断凸显。

日本政府将如何应对这场前所未有的人口变化，我们拭目以待。人口压力问题在日本已经存在多年。通过政策转变，一些缓解人口压力的措施已经开始实施。日本政府提出鼓励生育的政策，在婴幼儿养育方面提供帮助，同时减少人们的每周工作时间。通过颁发技能类签证，日本政府在特定领域引入移民，此类签证的获得者可在日本最长工作5年（主要包括从事农业、护理、儿童保育、建筑、制造、食品和招待服务）。根据推算，该签证的推出将为日本引入34万的工作人口，进而有力缓解日本老龄化社会下的劳动力短缺问题。更多的措施和政策改革呼之欲出，而这也仅仅是个开始。随着更多国家步入老龄社会，日本不会"孤军奋战"。

## 减弱的社会流动性

除人口老龄化以外，人类也在经历着全球性的社会流动性降低问题。科技创新在提高人民生活水平、消除极度贫穷的同时，也加剧了社会的不平等，在这一过程中99%的人口被落在后面，而1%富裕人口的财富却在不断累加。

由世界经济论坛发布的《2020年全球社会流动报告》显示，只有少数几个国家有条件增加社会流动性。报告显示，"平均来看，在主要发达国家与发展中国家中，社会前10%的人口所拥有的财富是社会后40%人口总收入的3.5倍"。不出所料，以社会民主原则构成其公共政策核心的北欧五国在各国社会流动性排名上包揽了前5名。

我们能够获得怎样的人生机遇正渐渐成为一种运气——出生地和父母的社会阶层很大程度上决定了我们能够享有何种水平的教育以及其他各类机会，同时它们也在很大程度上决定了我们的工作类型和收入。很多大城市中尽管工作机会充足，但高额的搬迁成本和房价成为阻碍外部劳动力进入的绊脚石，并因此阻碍了各国人口的流动性。随着越来越多的企业和工作机会向大城市集中（从而获得

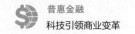
更高水平的科技创新和自动化技术），社会正在变得越来越不公平，朝着两极化的方向发展。之后我们将讨论各社区如何应对这一趋势并在当地创造更多就业机会。

过去的几年中出现的这类现象，充分暴露出社会与经济方面的问题对世界的影响，我们的世界变得越来越不公、越来越不稳定，而这正是因为社会的流动性越来越低、彼此之间越来越隔绝；主要表现为对制度的不信任，对社会契约的侵蚀，以及社会不公不断加剧。我们的社会结构正在变得松散，社群被撕裂，社会动荡不安，从亚洲到欧美，这一趋势在不断蔓延。如果将所有人的财富都兑换成一百美元面额的钞票堆放在地上，当每个人坐在象征自己财富的纸币上时，大多数人类看上去都像是坐在平地上一般。来自富裕国家的中产阶级的财富可以达到一把椅子的高度。而世界上最富有的两人，坐在自己的财富上可以到达外太空。而这还仅仅是新冠肺炎疫情之前的数据。现在，社会精英和普通大众的差距正在越拉越大。

为了增加社会流动性，我们需要为落后经济体的公民创造渠道来获得工作，进而取得维持生计的收入，同时我们要在快速发展的城市与落后地区之间架起联通的桥梁，来为欠发达地区带来更多发展机遇。在之后几章中，我们将主要探讨公私经济该如何聚力来激发经济增长活力，打造更多岗位，从而更好地复兴各地的商业。打造一个更加公平的世界并不是不可能，在这一过程中，我们要积极复制那些成功的模式，与经济孤立的形势作斗争。

在你就职的公司和行业中，社会的低流动性又造成了哪些影响呢？不论是从事建筑业还是制造业，也不论是交通运输业还是金融业，客户生活质量的提升都会影响到你的生意以及领导者的决策。这种提升可以是社会方面的，也可以是经济方面的。反过来，客户生活的提升也会影响你自己的生活以及企业员工和团队成员的生活水平。因此，每个人都应该思考如何帮助你的团队去创造更加公平的环境，如何打造一个实现真正"普惠"的优秀商业模式。

## 个体经营与零工经济的兴起

传统企业主要以实体店的形式存在，而且要雇用员工并为其提供相关福利（如健康保险、带薪休假）以及支付税款。在过去的十年里，个体户和临时工的数量开始增长，而这一趋势正在继续。根据美国国家统计局2016年的数据，"大约四分之三的美国企业的驻地在个人家中，同时没有雇用员工"。尽管这一新的雇佣关系兴起于美国，这一趋势也在全球蔓延开来。越来越多的工作被贴上临时性的标签，而员工并不希望自己只充当一些无足轻重的雇员，而是希望能够获得更加有意义的职业生涯。这些新的理念又将如何影响你对企业面临的机遇与挑战的看法？

对于零工经济而言，其本身也并不是一种新的商业模式，如自由职业者、独立承包商和临时工等性质的工作已经存在很久。而使当前零工经济有别于之前模式的关键，在于科技平台的出现，例如打车应用来福车（Lyft）、优步（Uber），外卖网站（Grubhub、DoorDash、Deliveroo），以及各类兼职平台（Handy、TaskRabbit）和智能手机的普及。这些变化将买家和卖家联系在一起。同时，这也为那些在传统企业做全职工作的人们创造了从事第二职业的机会，从而使他们获得额外的收入，这可以被看作是一个双边的市场。

与传统全职工作相比，零工经济提高了工作的自由度，但其自身也并非十全十美。2019年一项针对美国零工经济的研究显示，打零工所得到的薪水比正常的全职工作平均要低58%。此外，从事零工经济的人员还面临着其他的挑战。对于像美国这类尚未建立全民医保的国家，大多数零工经济类工作无法提供一些常规的福利，包括保险、带薪休假以及养老金，这使从事零工的工作者无法达到预期的财务目标，也导致他们在面对潜在的财务风险时显得措手不及。零工经济的周期性和时间性也无法为从业者提供足够的收入保证，使其在面对房租等日常开支问题时所遇到的不确定性大大增加。零工经济的风险在2020年的疫情期间充分暴露，在经济危机中，缺乏财务储备的零工经济工作者遭受了巨大的冲击。相关内容我们将在第七章中进一步阐述。

今天的个体经营者在年龄、人群特征或是工作类型等方面与之前大不相同。皮尤研究中心（Pew Research Center）近期对2018年的劳动力数据进行了研究，结果显示在第二次世界大战后"婴儿潮时代"出生的人群中（年龄介于65到72岁），29%的人仍在工作或在找工作。与同龄人相比，这一比例高于在"大萧条"和第二次世界大战期间出生的"沉默一代"（1928—1945年出生）的工作参与率（21%），也高于"最伟大一代"的劳动参与率（1901—1927年出生，劳动参与率19%）。这也可以解释为什么三分之一的零工经济工作者出生于"婴儿潮时代"，由于在退休后缺乏财务支撑，他们中的很多人选择此类工作。由此可以看出，20世纪出生的人中，从事临时工作并延长工作年限的人群比之前的几代人要更加庞大。

另一份由外包平台Upwork出具的《美国2019年自由职业报告》也再次证实了美国自由职业的影响力与日俱增。报告显示35%的成年工作人群在以各种形式从事某项自由职业，这一就业规模成为构成宏观经济的主要部分，而自由职业者的收入也占到美国当年国民生产总值的5%。

就业形势的变化给经济和商业模式带来了显著的影响。很多此类平台不仅仅具有市场功能，也提供支付和计费的服务。由于很多客户往往不具备成为商业银行客户的资本，当前的金融机构也需要重新思考与此类客户的关系。在对千禧一代的零工从业者进行的调查中，将近一半的人（49%）表示他们在财务方面面临困境，70%的人表示他们无法获得相关福利。作为政策制定者，又该如何保障此类从业人员的财务安全呢？作为服务提供商，如咨询顾问和改善措施提供方，又该如何引导这类从业人员走出当前的财务困境呢？

除了零工经济，科技平台的影响还在不断扩散。以服务业为例，随着打车应用来福车、优步的流行，对酒店订车服务的需求正在减少。那些曾经负责为入驻客人提供预约出租车服务的门童（同时也从中获得小费），现在只能看着网约车不断地从门前驶过。同时，在就餐方面，通过电话从前台订餐的形式也逐渐被各类送餐平台取代，如美国的外卖网站Grubhub、优步送餐，英国的Deliveroo，中国的美团、饿了么，以及印度外卖平台Swiggy。只需用手机点击一下即可订餐。

鉴于零工经济良好的发展前景，针对零工经济领域的创新仍然大有可为，也应对其进行更加深入的探讨。在这一过程中，软件经济对便捷的追求和员工对改善自身经济状况的渴望并存。对于政策制定者和雇主们而言，如何实现两者间的平衡应成为其关注焦点。

你的公司和所在行业是否雇用了更多的临时工？面对繁杂的工作和恶劣的交通状况，你是否开始使用外卖服务或基于各类应用的送餐服务来获得更好的便捷体验？你是否考虑过这些服务的出现对本公司职员的长期影响，以及对你所在国家的经济状况和对社区的影响？尽管这类服务有其优势（员工具有灵活性，客户服务便捷），其缺点也不胜枚举（与全职员工相比收入较低，缺少医保和病假等福利保障，以及浪费食物现象的增多带来的环境问题）。所以，为了给员工提供更多机遇，公司在制定战略时，必须充分考虑此类问题的存在。

## 对创业的关注

随着新式个体经济的兴起，更多的企业开始涌现出来。经合组织的数据显示，在经历过经济低谷后，各成员内部的新注册企业数量普遍开始增加（包括独资经营企业），较为显著的国家包括澳大利亚、法国和英国。其中，小微企业（雇员数量小于10人）数量在全部企业中的占比最大（达到70%~95%）。

对于任何创新中心，其想要取得成功都需要三个显著要素：人才、资金和市场。尽管人才的分布相对均衡，机遇却大不相同。在美国，大部分初创企业长期以来都分布在三个州，分别是加利福尼亚州、马萨诸塞州和纽约州。根据普华永道和CB Insight[①]发布的MoneyTree[②]报告显示，2020年第二季度，以上三州的新增投资总额占到全美投资额的79%。报告同时显示，在第二季度，投资排名前10位的州投资额占据了各州总投资额的90%。此外，根据市场调研公司Startup Genome[③]的排名，硅谷、纽约、伦敦、北京、波士顿、特拉维夫以及洛杉矶等地再度成为全球主要初创企业集中地。这一排名与2019年的全球前七大创新生态中心完全一致，以上七地的初创企业总市值达到1.5万亿美元，是剩余全部创业生态区初创企业市

---

① 一家总部位于美国的风险投资数据公司。——译者注

② 普华永道发布的季度性风险投资报告。——译者注

③ 一家针对初创企业的分析网站。——译者注

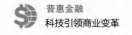
值总额的1.7倍。

　　做企业家可能是一段孤独的经历。在这一过程中，拥有一个可以依靠的团体可以带来很大的不同。如果你的企业正巧坐落于帕罗奥图中心的硅谷，你接触到各类热点的概率将大大增加。在这里各类科技无时无刻不在相互交融，各类想法相互碰撞，从而不断推出各类新产品。各类变化发生之快，哪怕仅仅是在一杯咖啡的时间里都会迸发出创新的火花（鉴于现在的情况，也可以说是一场视频会议的时间，更多的内容我们会在之后探讨全球疫情和包容性企业决策时具体阐述）。

　　但如果你的公司不在硅谷呢？如果你并不在纽约、伦敦或香港等国际城市呢？你又将如何打造你的团队来获得帮助？我们又该如何打造公平的市场竞争环境，并将机遇重新分配给当地的社区？这么做不仅有利于为当地的初创企业打造更具多样性的生态，也将促进地区经济的增长，进而重塑世界的繁荣。

　　创新企业副主席维克多·黄（Victor Hwang）曾经在评论视频"拯救大众：以少押大"中提道：很多人把企业家看作是单个人前往某地创建企业，并依靠个人才智经营企业。但现在我们明白，创业是一个团体性活动。创建、经营企业需要的不仅仅是一个想法，也远远不是依靠个人的坚毅和激情就能成功的。想要获得成功，必须依靠团队的支持。

　　如果你的企业没有位于大城市的中心，你又该如何吸引人才呢？为了吸引人才和拓宽市场，你又该如何提高工作岗位和商业模式的灵活性呢？得益于当前发达的科技和互联的世界，地理距离对我们的影响越来越小，甚至从当前看来，是完全可逾越的。不论你在布鲁塞尔经营一家打印店还是在曼谷做服装制造，我们现在有能力创造更多的价值并开发更多机遇，进而满足新时代的需求，并改善团体的生活水平。

## 女性赋权

在过去的10年中，我们看到了鼓励女性说出不公遭遇的运动的兴起，对性别公平的呼声也不断高涨，但其进展却异常缓慢。世界经济论坛发布的《2020年全球性别差距报告》显示，实现完全的性别公平至少仍需99.5年。从一些角度来看，我们在女权方面不仅没有进步，反而在后退。女性在参与经济活动和获得机会的方面需要257年才能与男性相同（2019年的报告显示结束这一差距需要202年）。在适龄女性人口中（15岁到64岁），只有55%的女性能够参与工作；而在同龄男性中，这一比例为78%。此外，在工资方面，女性比男性的工资水平平均低40%，在总收入方面的差距更是达到50%，这些差距短期内仍然较难弥补。尽管我们在追求女性赋权方面进行了不懈努力，但一个冷酷的事实摆在我们面前，那就是性别平等很可能在我们甚至我们下一代的有生之年都无法实现。

美国皮尤研究中心的数据显示，尽管在过去的十多年里，女性在学历获取方面的数量始终高于男性，但高学历的女性获得与男性同等工作机会的目标在近年才得以实现。在美国，女性在劳动力人口中占据半壁江山；但在全美收入排名中，男性仍然居于压倒性地位。同时，男性在金融业等高收入行业处于主导地位，而女性处于主导地位的行业主要集中于护理和服务业等收入相比较低的行业。此外，皮尤研究中心的数据也显示，在计算机行业中，高学历的女性仅占该行业从业人员的25%，在工程类职业中，这一比例仅为15%。

考虑到高学历对收入潜力的正面作用，提高妇女在高学历劳动力中的占比将对未来的从业者与经济平等起到积极的影响，因为高学历有可能被转化成高收入了。从长远角度来看，这么做也有利于缩小男女在薪资和领导力方面的差距。在标准普尔（S&P）指数覆盖下的五百家企业（大型上市企业）中，管理层方面普遍存在女性缺失的状况，使得领导力方面的性别差距更加突出。一家致力于为女性提供更多商业机会的组织Catalyst的数据显示，到2020年9月中旬，标准普尔指数覆盖下的500家企业中由女性担任CEO（首席执行官）的企业只有32家（占比6.4%）。在《纽约时报》统计的25家市值最高的上市企业中，女性CEO更是杳无踪迹。

不幸的是，由于全球经济的萎缩，过去几年中致力于性别平等的努力几近被消除。美国劳工统计局的数据显示，仅2020年9月，美国失业的劳动人口中，女性职员的数量比男性高出4倍。随着越来越多的家庭难以实现工作与养育子女之间的平衡，更多的女性被迫离开工作岗位，承受着经济衰退带来的影响。

想要建立一个完全包容的社会和商业环境，我们必须首先改变上述提到的各类问题。尽管在本书中，女性群体无疑是主角，但我们必须推动平等的性别意识。除了工作岗位上，女性在大众媒体的出版物中也经常被忽视。以下案例充分体现了这一状况。

- 在《福布斯》杂志评选的2019年全球100位创新者中，只有一位女性位列其中。

- 在《哈佛商业评论》列出的2019年全球100位CEO中，4位女性获选；而在2018年，名单中的女性只有3位。

- 2019年，在《时代》周刊年度人物评选的90周年上，瑞典16岁环保小将格蕾塔·桑伯格（Greta Thunberg）成为第5位获得这一殊荣的女性。

而当我们把注意力放在尖端科技的影响时，女性赋权的问题就显得更加严峻。面对自动化带来的压力，麦肯锡全球研究院预测，到2030年大约4000万到1.6亿的女性职员可能要在现有工作及技能方面实现转换，才能使自己留在相应的岗位。

为了让女性在新的时代更好地适应现状并取得成就，我们需要创新性的举措。在这一过程中，私营企业和国家部门都需要出力。一方面，我们应该教给女性更多技能，使其通晓技术，从而更好地满足新工作的需求。另一方面，女性需要提高其灵活性和流动性，能够抓住各类联系和网络，不断获得新的机遇。

反之，如果女性无法实现上述转变，未能从受自动化威胁的低收入工作转入高收入工作中，当前的男女薪酬差距可能会变得更大。为了对女性进行进一步培训，使其掌握更多新技能，我们要做的还有很多。不论是目前在岗、还是经过长假后返回工作岗位的女性员工，都应当享有同样的培训机会。

但同时，提高受过教育的女性的劳动参与率也不是一蹴而就的。为了提高女性的劳动参与率，仅仅靠推动员工的多元化还远远不够，另一个重要的方面是企业包容性的提高。为了能够更加有力地吸引并留住多元化的员工，公司需要打造开放的工作环境，让不同的意见充分交融，让多样的个性蓬勃发展。同时，公司也应采取友好的家庭政策，因为女性员工在家庭中通常被视为看护子女和年迈父母的主力军。

当前，在主要工业国家中，只有美国没有带薪育儿假。想要改变这样的政策需要我们在各方面付诸长期努力，从而提高女性工作参与率，使女性在性别平等的道路上向前迈进一步。如不采取主动的、实质性的举措，全球男女性别的鸿沟需要近一个世纪才可以填补，而解决男女在社会经济参与度与机遇方面的差距需要更久的时间。正如前文所提到的，这很显然是令人难以接受的。

我们坚信每个团体中每个人的声音都非常重要，同时为了让每个人的诉求都得到回应，我们每个人都需要努力。你所在的企业将如何改善女性在其社群内的生活状况？你所在的行业将如何改善女性职工的工作环境？通过各类正式的指导项目和为女性提供帮助的基础设施及培训，可以使人们充分认识到针对女性的偏见和骚扰行为。这些举措也将提高女性的工作参与度，使其在未来商业领袖队伍中占据一席之地。在这一转变过程中，女性在公司的各个层面都发挥着重要作用，你的企业又将如何参与其中呢？企业应当做出明智的选择，否则未来将会被那些更具包容性的企业所替代。

任何想要取得进步的团队都要致力于打造团队的多元化（如性别、年龄、种族、语言等方面），否则我们只能沦为语言的巨人，行动的矮子。

——海蒂·卡尔伯森（Heidi Culbertson），
MARVEE（虚拟健康助手服务商）首席执行官及创始人

## 经济、社会及文化的影响

世事无常，唯独变化是常态。随着社会、社区以及环境的改变，我们的生活方式也在不断发生着变化。考虑到我们学习、工作和生活方式所发生的巨变，通过年龄来划分人的一生已经变得没有意义。同时，传统地将人生分为受教育、工作和退休的三步分类法也不再合乎现代的逻辑。工作年限的延长要求我们不断更新自己的知识，教育开始贯穿我们的整个职业生涯。学识和经验的增加给我们的工作带来了更多选择。由于我们寿命的增长，在离开工作岗位

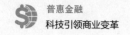
后，很多人开始主动从事一些志愿或兼职的工作，也给退休生活赋予了新的意义。

面对这些新的形势，企业和社区又该如何应对呢？商业模式应该能够体现出我们文化的变革，从而更好地为全球人民服务。在这些变革中，居于核心位置的是创造更多经济方面的机遇，使得社会能够更好地满足我们的基本需求（如食物、水源、住所）并降低数字化时代所带来的社会不公平现象。关键产业，特别是金融服务业如何解决这些问题将成为决定我们能否拥有舒适、充实生活的重要因素。

尽管各国生态各不相同、各有特点，我们之间的信仰却有很大的相似性。我们都属于一个物种，拥有相同的生理结构、相同的人类意识。随着科技的进步，我们的世界正在变成互联互通的地球村，这也给了我们更多机会去打造更加包容的社会——一个不仅仅满足我们基本需求的社会。

## 第二章

# 包容的基础

> 我们都需要明白，多元化就像一块色彩斑斓的挂毯，毯子上的每一根线，不管什么颜色、什么纹理，都有其独特的价值，都对整块毯子意义重大。

> ——玛雅·安吉罗（Maya Angelou）

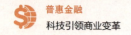
## 从基础开始

为了进一步发展普惠原则——企业如何为全体股东谋福利，我们首先要研究企业行为的包容性如何能够提升团队的生活条件。同时，我们还需要探讨正在出现哪些挑战（其中一些我们在上一章提到过）以及哪些社会问题得到了改善。我们必须从一些最基本的问题着手，然后慢慢上升至概念性的问题。有哪些不公平的因素会影响人们对普惠的关注？如何打造包容性的社区，使每个人的需求都得到满足，从而使我们避免重蹈覆辙？同时在这一方面我们又有哪些现成的经验可以借鉴？

就其本身来说，包容是一个含义丰富的词，在寻求接受的同时往往又会导致分裂。在动荡的社会大潮下，我们已经"建立起"不同性质的工作和不断提升的企业家精神，但同时出现了老龄化的社会，以及越来越多影响性别平等和多元包容的因素。如何才能将人类所得惠及每个公民，如何才能使每次的投入获得最大的产出？如何可以将机遇的大蛋糕以更加公平的方式分配给全球所有人口？所有这些都需要我们为之努力奋斗。虽然商界领袖们都在面对各类挑战，但打造包容的商业行为对他们来说绝不是坏事。从北京到明斯克、从芝加哥到孟买、从建筑行业到软件开发、从医药到金融服务业，以更加宽广的"镜头"来看待事物进而提高公司的外部影响力永远是可行的。也许结果不会帮助公司解决工资系统的问题，但在你追求卓越的同时，包容性的模式可以帮助你提升盈利。在之后的章节中我们将继续探讨包容性这一话题。

在当今的全球政治气候下，更具包容性的商业行为往往被定义为一种个人价值观的体现，而此类个人价值观往往与其所处的集体价值观形成对立。而这类情况的出现往往与人们之间相关抵触的政治倾向息息相关。但事实上，包容性是一个有关同理心驱动社群意识行为的问题。当有必要进行让利行为时——例如在一些由低收入人群构成的市场中适当降低商品价格，很多企业会感到一种丧失感，为什么会这样呢？同时对于社区来说，也存在着这样的利益权衡，作为缴纳税收的"回赠"，社区居民会享受一定程度的医疗健康和金融保障服务，以及政府提供的紧急情况服务。面对当前日益加剧的贫富差距、性别差距、种族问题以及其他各类问题，企业必须改变对其所承担的社会责任的看法，企业目标的制定也应该加入更多的公共类指标。

在我们关注食物、水源、住所等人类基本需求时，我们也要把更多精力放在一些超出基本生计的事务上。从差异化的角度来说包容及包容性是不同的概念。尽管如此，我们也需要确保每个人、每个团体在这一发展过程中都不掉队（同时也不应存在部分人较他人享有优先权的情况）。包容性所针对的对象包括了社区、企业和我

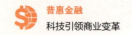

们所属或所推崇的各类组织。这要求我们利用当前的机会，在自身能力范围内为他人提供更多的选择。包容体现在我们生活的方方面面，从我们出生伊始就伴随着我们。那时，偏见和成就尚未出现，每个人还都怀揣着梦想。

## "抽签" 的人生

试想一些关于自己成长的环境——你的童年在哪里度过。想想父母、兄弟姐妹或你成长过程中的家庭成员在自己心中留下的早期记忆。你也许会想起自己曾经居住的房子、曾经的邻居、儿时的玩具、厨房的味道，一些儿时的兴趣和旅行地，你会回想起那些印在脑海里的记忆。在想起这些儿时的经历时，你是否还能记起当时自己担心过的事情？那个时候你最担心的是什么呢？

每代人在成长中都会感受到不同的挑战——政治动荡带来的家庭变故、经济条件恶化导致不得不走出舒适区去承担更多艰辛、由从前稳定的岗位到频繁地更换工作、对自己社会阶级的定位，等等。试着回想自己曾经想过的能够改变世界的方法——那些你曾经认为会影响自己和家人未来的事物。我们每个人对问题的认识都各不相同，这取决于自身看问题的角度以及成长的环境。

每个人的生活都存在着一条铁律：原生环境对我们未来的发展有着至关重要的影响。在成长中的经历影响着我们看待事物的观点，帮助我们开阔视野，但也在一定程度上限制着我们的发展。在年轻时，原生环境决定着我们自身的生活方式，成立家庭后，它也会继续影响家庭的价值观。此外，成长环境也影响着我们能够获得哪些机遇，这些机遇影响着我们自身的未来发展并为提升我们所处的阶层创造了条件。我们的生活方式根植于这类成长环境，我们所经营的商业形式也受此影响很大，我们由此也可以敏锐地感知到一些无法被肉眼所见的机遇。

通往更广泛包容性的道路，特别是资金驱动的包容性，通常始于我们对自己生活中、团体中以及文化中的一些结构性障碍的认知。当我们将自身融入团体并采取实际行动接触他人的生活时，我们待人接物的方式也将影响我们看待包容性的方式。随着我们建立起自己的发展路径，我们必须充分结合自身的现实情况，为他人更好地创造机遇。正是通过这样的方式，一代代人才得以不断攀登，拓宽发展的道路。

## 金钱的作用

如果说原生环境是构成生活基本需求的核心要素，那么金钱（或缺乏金钱）则影响着生活的质量。对金钱的看法改变着你的观念，也对每个人自身及其生活产生着影响。回想多年之前，你对于成长最担心的是什么？世界经济论坛的一项长期研究显示，当今世

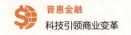

界年轻人最为担心的问题包括以下10项：

- 气候变化（48.8%）；
- 冲突和战争（38.9%）；
- 收入不公（30.8%）；
- 贫穷（29.2%）；
- 宗教冲突（23.9%）；
- 政府透明度/腐败问题（22.7%）；
- 食物和水资源安全问题（18.2%）；
- 教育匮乏（15.9%）；
- 安全保障和个人幸福（14.1%）；
- 经济机遇和就业问题（12.1%）。

在这10项问题中，居于核心影响因素的是金钱。我们的担忧主要是源于金钱的缺乏和与之相伴的机遇的缺失，以及对自身生活轨迹的把控能力。无论是收入不公、贫穷、食物水源问题，还是教育、安全、机遇和就业问题，所有这类问题的解决都与金钱息息相关。

想一想金钱与你自身的关系，回想你最初是如何了解到金钱的含义和意义的。试想金钱对于你和你的家人意味着什么，以及金钱如何使你在抓住一些机会的时候又让你错失其他的机会。这一切都与你的出生地息息相关，与你之后成长过程中的态度、局限和抱负息息相关，所有这一切都围绕着一个概念——价值交换。

将自己的处境与那些生存环境相对贫乏的人做对比。据世界银行估计，全球有7.34亿人口每天生活开支低于1.9美元。尽管在过去25年里，全球极度贫穷人口的数量占比已显著下降，但在这个至少有75亿人的星球上仍有近10%的人口在为每天的基本需求而挣扎。

随着人类的进步，我们从满足最基本的生活需求迈向更广阔的空间，参与更加复杂的活动——这一成就并未公平地惠及全球人口。尽管科技的进步极大地改善了我们的生活，我们却在这一过程中创造出更加复杂和可怕的问题，如气候变化。这一问题不仅引起年轻人的担忧，也应该让企业领导人认识到改变思考方式的重要性。我们居住在一个互联的世界中，各行各业都彼此相互联结，每个个体、每个行业的选择都会对世界产生影响。

本质上，人类趋向于一成不变，但我们的观念在不断发生变化。人类是如何不断进化来应对新出现的问题呢？尽管我们的工具和制度在不断进化——很多方案都已开始走线上的形式（而这一过程仅仅用了不到一个世纪的时间）——而在反映人性之光的基本需求方面，我们又真正进化了多少呢？很多时候，在我们拼命去思考社会面临的重大问题的同时，却将那些构成人类社会的基石看作是理所当然。在对世界变化的理解方面，我们也容易一叶障目。在这一过程中，我们可能无法感知到个人行动和领导力的决策所发挥的作用，更无法感知到大众在经济方面所面临的机遇不公的状况。

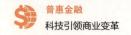

## 不公平的状态

尽管在全球范围内，极度贫穷的现象已经很大程度减少，国家之间的财富差距也开始缩小；但在各个国家内部，收入和财富分配不公现象却一直在稳步上升。在美国，这一问题尤为凸显，根据经合组织数据显示，美国最富有的1%的人口控制了42.5%的国家财富。在英国，最富有的1%人口的家庭收入在过去的40年中增长了3倍，而低收入家庭的财富却几乎没有上涨。从股票方面也可以看出这一问题，在2010—2016年，美国最富有的5%和英国最富有的1%的人口所持有的股票增加，而美国收入较少的60%和英国收入较少的40%的人口所持股票的份额和价值却在下跌。

以2020年的美元购买力计算，在1990—2020年的30年，美国亿万富翁的财富增加了1130%，与财富增长率中位数5.37%相比，前者是其200多倍。在其他主要工业化国家，最富有的1%的人口所拥有的财富均不超过其国家所拥有的财富的28%。

在全球范围内，情况同样严峻。2019年瑞士信贷全球财富报告显示：全球过半数成年人的净资产不超过10000美元；但与此同时，全球近1%的成年人步入了百万富翁行列，这一群体拥有全世界44%的财富。报告也显示，截至2019年中期，全球收入较少的50%的成年人所拥有的财富占世界财富总额的比例低于1%，但全球最富裕的10%的人口占据全世界82%的财富。

金融状况的不平等影响了我们创造财富的能力，也进而削弱了收入方面的独立性，由收入带来的安全感也会降低。而财富与金钱带来的机遇对大众和各类人群的影响也大不相同。这在很大程度上是由性别差异造成的。女性从事的无偿家务劳动和看护工作充分体现出这种不公。几乎在所有文化、历史和地域环境中，女性都被希望充当家庭里首要看护照料者的角色。联合国的一项评估显示，女性从事的"免费"看护和家务劳动的时间是男性的2.6倍。

许多女性为了照顾家庭不得不中断她们的职业生涯或者选择更具弹性的工作。以美国为例，全美国4000万的看护者中，女性占比就超过6成。为了照顾父母和爱人，很多美国女性不得不长期中止自己的工作，而这一时间段平均长达12年。这不仅给其职业晋升和收入提高带来了很大阻碍，也导致了其未来收入能力的降低和潜在的经济风险。

正如梅琳达·盖茨（Melinda Gates）在一次采访中所提到的那样："平均看来，女性用于从事无偿劳动的时间比男性多了7年，而这7年相当于攻读硕士和博士文凭所需的时间。"

全球范围内，有42%的适龄女性无法参与工作，主要原因是她们的精力被那些没有报酬的家务所占据。据统计，世界各国15岁以上的女性所从事的家务劳动量，其价值保守估计也达到了10.8万亿美元。试想一下，如果我们能够重新分配家务劳动的比例，让女性可以更多地接触到先进科技和相关的支持性基础设施，这对女性的经济权利和她们所从事的行业将产生多么巨大的积极影响。试想一下，如果女性在政界可以更多地崭露头角，又会给我们的政策带来

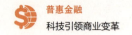

哪些影响呢？答案是肯定的——一个公正公平的社会将不再只是梦想。

作为企业负责人，你的公司又是如何考虑性别差异问题呢？企业家需要明白，这一问题不仅关系到员工的福祉，也会对你的客户产生影响。同时你也要思考如何在做决定时始终充分照顾女性的权益。随着各行各业的新技术给我们带来更多的工具、算法和自动化技术，如何确保这一过程中因性别差异导致的机会均等方面的问题不进一步加深，也值得我们思考。

## 两个经济体的故事

讨论完性别不公的问题后，我们再把目光拓宽到地域层面，在思考如何扩大货币的包容性时，非洲和东南亚各国可以作为研究对象。与发达经济体相比，发展中国家的金融基础设施往往是以服务社会的富裕阶层为主要目标的，而普通民众一直以来处于金融系统的圈外。在20世纪的很长时间内，发展中国家的大众性金融基础设施都无法与传统的金融系统相抗衡，不论是在支付方式、银行卡网络还是信用卡系统方面，而通常的原因仅仅是社会认为这类基础设施的建设没有必要。在满足基本的金融需求方面，各国的服务创新水平参差不齐。

即便在美国、英国和欧洲大部分地区等较发达的经济体内部，也有不少人无法享有较好的银行基础设施。随着金融服务逐渐走向移动端、走进各类算法的黑箱内，关于数字时代银行基础设施获取能力的担忧正在不断增长。尽管西方各国仍在不断优化相关举措，很多国家也一直致力于拓宽金融的包容性，但想要取得实质性的成果仍需要很长的路要走。随着金融行业面临的人口结构和经济环境不断发生着变化，相关金融企业所受的影响也可能早已存在。

各类金融服务如何更好地满足大众的基本需求，进而改善民众生活呢？拥有一个银行账户只是一个开始。而仅仅依靠与金融机构建立这样一种联系，获得资金移动的能力，并不会减少贫穷和不公平现象。只有充分洞察民众需求，寻求如何助其改善生活，才是银行服务的最终目标。当前，社会金融服务的成功与否往往取决于在银行开户的人口数量；而扪心自问，仅依靠这组数字来衡量成功与否，其意义何在？

当前全球仍有17亿人口没有银行账户，也无法获得任何形式的正规金融服务。这一人数比2014年增加了7个百分点。在拥有银行账户的人群中，绝大多数是通过移动端获得金融相关服务的，如M-Pesa等应用。随着移动电话、移动钱包和移动信用体系的出现，很多发展中经济体在民众参与经济系统的规模方面都超越了西方各国。但能够参与社会经济活动还远远不够，我们要做的是切实地提高人民的生活水平。有关内容我们将在之后的章节中详述。

显而易见，各行各业都在社区中攫取了大量的利润，但是这些企业又该如何回馈社区呢？对于银行来说，想要扩大自身影响力进

而实现长期盈利，需要最大限度满足社区的各类需求，包括那些最基本的诉求。扪心自问，各类银行是否专注于打造健康的金融产业并致力于打造成功的社区？对各类银行来说，帮助各社区内部的每一位客户改善财务状况也许应成为其主要着眼点。但目前，大多数银行的思考方式都截然相反。银行客户与银行自身纷纷着眼于短期的价值交易，而这也导致越来越多人在金融体系完善过程中被落在后面。

为了充分了解构建金融包容性的意义，我们需要进一步研究数字革命所带来的改变和在这一进程中的掉队的群体。此类研究可以帮助我们降低金融系统的准入门槛，打造更具包容性的金融生态圈。在我们打造普惠的商业模式过程中，也要考虑如何将各类金融不平等现象从中消除。我们要思考如何将更多的企业和行业纳入我们的发展计划来更好地满足客户基本需求，以及可以通过对哪些商业模式进行调整来进一步优化我们的生活。在之后的内容中我们会讨论到嵌入式的金融模式，这一新业态的出现主要源于银行业的消亡和其价值的重生，届时本书应该可以为你所在的行业提供一些灵感。

## 满足基本需求

对于我们很多人来说——特别是对西欧和美国等发达国家的公民来说，基本生活需求正在不断被满足。但反观全球，饥饿这一在过去几十年间逐渐减少的现象又开始慢慢增加。根据联合国粮农组织发布的《世界粮食安全和营养状况报告》（*SOFL*），全球大约有6.9亿人处于饥饿状态，这一比例占到全球人口的8.9%；同时，在过去的5年，这一数字以每年1000万的规模在增加，累计增加人口数已超过6000万。2019年的调查显示，全球每10人中就有1人面临严重的食品安全问题。同时，联合国粮农组织的数据也显示，如果将食品安全问题细分为中等与严重，全世界25.9%的人口都将面临这一问题，总人口达到20亿人。其中，女性由于种种原因往往比男性更容易面临粮食安全问题威胁。当前，全球疫情和其导致的经济萎缩预计将使粮食安全问题进一步恶化，而这也将波及包括美国部分地区和西欧部分地区共8800万人在内的多国人口。

其他一些因素也加剧了上述问题的影响，包括气候变化、冲突和不平等的经济条件与机遇。在这一过程中，那些对大宗商品严重依赖的国家可能受到的影响最为严重（例如南美各国），主要原因是国际大宗商品价格变动使其面对经济波动时显得不堪一击，而这也进一步影响民众获取基本生活需求的能力，如食物和健康服务。此外，经济的萧条也会导致失业上升、收入下降和消费者购买力的降低。

经济发展和金融服务的普及能否成为解决粮食危机的良药呢？这一充满活力的发展趋势能否自动转化为减少全球的贫困和不平等现象的动力？结果并不尽如人意，人类最基本的需求在这一进程中并未得到持续的改善。尽管很多地区发生了翻天覆地的变化，但在

缩小社会差距的进程方面，各国的表现却迥然不同。作为商业领袖，我们必须充分认识到所在行业内存在的不公平现象，并思考我们在自己的行业内能做什么，从而使此类问题得到系统性的改变。

## 公民权利之水源的获取

除了价格、可承担的食物和住所外，水资源也日益成为发展不平衡的表现因素之一。在2010年联合国大会上，水资源和卫生设施被明确写入人权的范畴。同时，世界卫生组织和联合国儿童基金会也对相关数据进行了统计，结果如下：

- 全球约三分之一的人口（22亿人）缺少清洁的饮用水；
- 全球过半数的人口（42亿人）缺少安全的卫生设施；
- 全球五分之二的人口（30亿人）缺少基本的家用洗手设施；同时全球约半数的学校无法为学生提供具有香皂和水源的洗手设施。

虽然社会在这方面已经取得巨大进展，但清洁水源的获得依旧存在巨大地区差异，在一些农村地区或贫困人口聚集区，这一现象尤为明显。水资源污染和卫生资源的不足使上述地区人群面临疾病威胁，其中低收入国家的妇女和儿童受影响最大，作为负责收集水源的主要群体，他们常常需要排队数小时或走很长的距离来取水。相关的统计也印证了这一点：全球有2.07亿人每天需要花费超过30分钟前往自来水点取水。

改善获得重要资源的途径可以提高大众的健康状况并节约时间——使此类人群将更多的时间投入教育和工作方面，进而冲破贫穷的"牢笼"。同时在经济方面，水资源的稀缺会让低收入国家的发展变得愈发困难。而现实案例已经一次次地印证了这一观点。

## 聚焦印度

印度在人口总量方面位居世界第二，总人口达到13.7亿人。数据显示到2027年，印度将超越中国成为全球人口第一大国。但与此同时，伴随这一趋势也出现了一些严重的问题。印度人口的增长使各类需求不断增加，对其基础设施也提出了新的要求。此外，印度还受到气候变化的影响，主要体现在海平面的上升和冰川的快速消融。

在每年的旱季和雨季交接的时间，印度都会有约8.2亿人面临缺水的问题。正如2014年的数据显示，印度各大城市均不具备24小时向市民供应自来水的能力。

根据印度国家研究院（NITI Aayog，National Institution for Transforming India）的调查，82%的印度农村人口没有独立的取水设施，1.63亿人无法在房屋周围获得洁净的水源。印度70%的地表水受到不同程度污染。

如果上述情况无法得到改善，印度的水源需求将在2030年前超出其供给能力，这也将给其社会带来巨大的影响。届时极度的水资源短缺将影响数百万人。同时，如果继续放任不管，

到2050年，印度的国内生产总值将因水资源危机损失约6%。

这一切并不是耸人听闻，同时农业灌溉用水的巨大需求造成该国水资源匮乏更加严重，印度80%的用水量为农业用水，使其成为该国最大的水资源消耗因素。

对于各国来说，"梦想"与"现实"的差距既可悲又令人不安，想要实现发展目标也困难重重。在下一个10年，水资源的管理对印度以及各国来说都将至关重要。

## 聚焦旧金山

尽管自2008年全球金融危机以来，美国大多地区都已实现经济重振，但这一过程也存在区域间的不平衡。新的发展机遇仍集中在少数几个大城市。正如我们第一章所提到的，尽管人才在各地均有分布，但机遇往往与此相反。在全美范围内，初创企业的发展态势仍然由加利福尼亚州、马萨诸塞州和纽约州三个州主导。仅2020年第二季度，上述三州就聚集了该国79%的投资。

随着全球经济步入数字化时代，科技密集型行业在创造就业和推动经济发展方面发挥着巨大的作用。在这一过程中，不难想象各国沿海创新中心和其他地区的差距将进一步拉大。"在各国内部不同地区，大城市和乡镇并未实现并驾齐驱，反而差距越拉越大"。

地区间发展的差异不仅仅体现在就业、薪资、投资额、经济活力和机遇的不平衡上，也影响了我们获取基本生活物资的水平，包括食物和大城市中的住所。同时，在美国，除了上述三个受到青睐的地区外，包括一些沿海地区的各州正面临着人才流失、经济下行和人口减少的压力。

凭借4000万人口，高达3万亿美元的GDP和创历史新低的失业率（疫情前数据），加州一直以来都是各大国际领先科技企业的总部驻地，其中不乏苹果、脸书、谷歌、甲骨文以及全球在线CRM供应商Salesforce等知名企业。自2011年以来，该州的家庭收入中位数增长率超过17%，这一比例远高于全美各州的平均水平。同时在理论上，该州经济发展趋势及其发展潜力依旧非常巨大。

但另一方面，加州同时也拥有高出天际的房价，无家可归的人数比例也居高不下（比例排名位居全美第5）。在美国约50万无家可归的人口中，有四分之一来自加州。联合国问题特别报告员莱拉尼·法哈（Leilani Farha）曾经将奥克兰的一处难民营地与印度德里的贫民窟做对比，并表示在奥克兰也存在一些无法获得饮用水的群体。而此类差异悬殊的社会状况也广泛存在于旧金山和其周边的整个美国西海岸湾区。而此类情形也并不是无法撼动，诸如此类的问题均可以被解决。

尽管诸多因素导致很多人无家可归，经济方面的困难往往是被提到最多的原因。其他导致这类现象的原因包括失业、生

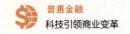

病，或者仅仅是因为无法在规定期限内支付房租。根据加州食物银行协会统计，该州八分之一的人口面临着粮食安全问题。与之形成对比的是加州一直以来都是美国最大的水果和蔬菜生产地。在后疫情时代（我们将在之后讨论），此类情况还将继续恶化。

## 性别和种族差异

在当前社会，生活基本需求无法得到满足的人数可能远超我们的想象，但不同群体间的困难人数比例往往大不相同。随着人类社会从狩猎时代转向农耕社会并最终演化为今天复杂的文明形式，性别间的差异也在不断地加深。当我们讨论基本需求物品的分配不均时，往往将关注点放在不同地区之间或不同社会阶级之间。但在讨论平等时，另外两个因素也在其中扮演着很重要的角色，那就是我们的性别和种族。

一项在美国国内进行的关于工作和生活平衡状况的研究显示，"26%的美国女性表示在过去的一两年间，家庭方面的付出给她们的职业带来了负面的影响，使她们无法继续工作或获得晋升的机会"。而这些数字也只是冰山一角。随着对相关研究数据的分析，种族间的工作机会差异逐渐变得明显。根据该报告，在美国工作的亚裔和拉美裔女性，因照顾家庭导致的工作中断比例分别达到了40%和39%。最终研究结果显示，在照顾家庭对工作的影响方面，拉丁裔、亚裔和太平洋地区的女性往往感受更为明显。

同时值得注意的是，美国是唯一一个没有带薪产假的发达国家，这也使得如何平衡生活和工作在该国变得尤为重要。之后的章节中我们将继续讨论这一问题。

究竟是什么原因导致了这些差异呢？是关于母亲在育儿过程中应负责任的不同文化认知？还是大家庭及社区在子女抚养上承担了相当的责任？后者也是道恩·M.道（Dawn Marie Dow）在其作品《漆黑道路上的母爱：中产阶级父母的界限和负担》（*Mothering While Black: Boundaries and Burdens of Middle-Class Parenthood*）中给出的建议。

正如本章开头所提到的，社会对于女性的期望是让她们承担更多无偿的家务劳动，而不幸的是这类情况绝不仅仅在美国存在。根据联合国的调查显示，女性所从事的无偿看护和家务劳动量是男性的2.6倍。而诸如此类不平等的工作分配极大地削弱了女性的工作能力，也对经济发展产生了负面的影响。从全球范围来看，女性所从事的无偿家庭看护工作每增加两小时，女性的劳动参与率就会降低约10%。

当前很多家庭中父母双方都各自拥有工作，在发达国家中这一情况尤为普遍，在这一情况下父母们又该如何实现工作和育儿的平衡呢？政府又该出台什么样的政策来提高工作的包容性呢？在这一

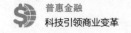

过程中，企业又该如何落实"普惠"这一原则，从而进一步解决员工面临的两难问题呢？

讨论完性别，我们再把目光聚焦到不同种族的差异上。当前社会，种族不平等依然大面积地存在着。在美国，由于教育、住房和就业方面的巨大差距，黑人和西班牙裔家庭的发展往往受到很大阻力，这也进一步导致了收入水平的降低，使几代人的财富水平无法改善。在这一情况下，很多此类家庭在面对经济困难时往往显得束手无策。

根据花旗集团的数据，"在家庭财富中位数方面，黑人家庭的财富总额为12.4万美元，而白人家庭的财富总额达到20万美元，同时西班牙裔家庭财富总额为15.8万美元"。此外，在家庭收入方面，白人家庭的收入是黑人家庭的8倍。

鉴于当前种族和性别间的差异依然广泛存在着，给提高生活质量和打造公平社区造成了巨大影响，作为企业家，我们又该如何在自己的公司和行业内部减少此类问题，为更多人带来福祉呢？在产品中，你又如何将科技融入其中，从而更好地发现并抵制各类在无意中产生的偏见？当你认识到自己引领的社区和其他社区的不同（特别是在种族和性别方面）之后，你将逐渐意识到社会不公的严重性；而在这一过程中，我们自身也可能在无意中为其提供了滋生的土壤。

## 包容性创业

广泛的社会包容性只有在经济的不平等问题彻底解决后才得以实现。金钱驱动着机遇，而机遇可以提供动力，进而造福几代人——这与《从优秀到卓越》中所提到的"飞轮式"商业模式非常类似。当前人类社会面临着前所未有的挑战——从气候变化到社会经济不公的加剧，我们也亟须打造新的、更为周全的商业基础。而促进创业已成为降低失业、增加劳动参与率和创造财富的一种新途径。

不幸的是，尽管人才在各地均有分布，与之匹配的机遇则不然。根据经合组织在2017年发布的《消失的企业家》报告显示，在欧盟内部，针对女性、年轻人、失业者和移民等人口的创业机会少之又少。

- 在创业方面，女性的参与率往往只有男性的一半。相较于创业，女性更偏向于在已创建的企业就职，而这些企业主要由男性创建。此外，女性在融资和网络渠道获取方面也面临诸多挑战。

- 50-plus是欧盟地区最大规模的自主创业者组织。尽管创业者们始终致力于延长工作年限，为社会保障网络减压，但年龄的差异和两代人之间的冲突也在不断冲击着他们的各项行动。

- 在过去的20年里，移民已经成为创业队伍中增长最快的一部分。2002年，移民创业人数为190万；而到2018年，这一数字已翻倍达到360万人次。同时，为进一步扩大移民创业的潜能，相关的扶持计划尤为重要，这也有利于打造相关支持网络。

● 尽管约半数年轻人表达了对于创业的兴趣，在2014—2018年，欧盟内部只有不到5%的年轻人积极参与了创业（同期经合组织成员的比例达到7.4%），而初创企业生存率也依旧较低。

包容性创业是实现包容性发展的重要一环；而我们也需要打造惠及更多人的经济模式。从打造支持性的网络到改善资本获取机会，我们必须更加主动地致力于提高创业的生态多样性和包容性。这也有利于企业找出惠及社区民众的商业模式。随着各类政策的出台，我们必须承认创业生态所需的人口异质性和需求的多样性，我们的着眼点也不应再局限于性别、年龄和种族。

企业初衷塑造着企业成就，想要打造可持续、可盈利的商业模式，公司必须致力于创造一个符合公众期望的世界。

——贾斯丁·布加德（Justin Boogaard），

GoGoGrandparent[1]联合创始人

## 公平竞争

我们现在所处的竞争环境仍然是不公平的。为此，我们需要为各行各业——特别是金融服务业，注入一种新的全球使命，从而更

---

[1]　一家为老年人提供电话打车服务的美国科技公司。——译者注

好地应对那些导致不公的顽疾，包括贫穷、饥饿、疾病、冲突。诚然，有很多行业都可以帮助我们更好地满足吃、喝、住及其他一些基本的生活需求。但想要获得更加便捷的储蓄、支付、投资、资本、信用以及通过几代人的努力所建立起的安全服务保障体系，只有一个行业可以符合条件。

如前文所述，我们不能只停留在满足基本需求的这一层次。而获得金融服务可以帮助我们更好地迈出下一步。其中，帮助大众实现资金的优化配置将成为这其中最具革命意义的一步（在本书之后章节中我们将进一步阐述）。不平等其实是一个由人类自身发展而导致的问题，因此其本身也是可以解决的。随着我们逐步实现全球金融的包容性，进一步优化金融机遇，其产生的积极影响会日益显著。

今天，当我们环顾各行各业时，有一点是非常清晰的：银行系统正在发生迅速的变化。金融服务模式也在不断进化。因此，作为金融服务生态系统的主要构成部分，银行和金融机构也无法继续依赖陈旧的商业模式。同时它们也应该为与社区订立了社会契约而庆幸，并自觉在打造公平竞争的环境中扮演主要的角色。现在看来，亚当·斯密所提倡的市场这只"看不见的手"未能帮助我们实现金融的包容性，只有通过相关行业的变革，我们才能真正实现这一目标。

那么，想要建造包容的银行系统，我们又该采取什么行动呢？首先，我们需要聚焦数字化建设和身份优化，同时寻求获得金融服务的途径。我们必须提高政府和农业领域的数字化支付水平，优化个人与个人间（P2P）和个人同企业间（P2B）的支付方式。同时

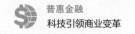

要努力降低汇款的成本。在储蓄和投资方面我们也要给予更多的关注，并不断优化支出和信用体系，使各地的相关创新成果得以融合。诸如此类的努力将有助于打造系统性的健康金融环境和长期的金融安全，以帮助减轻极度贫穷的影响。

在这一过程中，你所在的行业和企业可以发挥什么作用呢？金融服务业模式正在进行下一次迭代，对于进一步服务社区的呼声也在不断高涨，如何将自己所从事的工作更好地与之对接并为社区做出更多的贡献呢？金钱的功能和银行存在的意义，是促进价值在各实体间的转换。而不幸的是，这一交换流程并不总是平等的。但在这一过程中，通过尝试新的手段来降低银行对现金流的影响可以一定程度上改变这一现状，降低针对社区的银行服务壁垒，进而打造一种等同于银行服务的价值交换渠道；而如果成功了，这也将成为公司商业价值的一部分。当前，技术支持的银行替代服务已经可以提供贷款、储蓄等服务，可以帮助企业接触更广阔的商品和服务市场，同时也可以帮助你的客户培养健康的支付习惯，进而改善他们的财务状况。当前，随着传统银行的功能逐渐退居幕后，开放式数据和开放式银行层出不穷，嵌入式金融的出现更使得金融与非金融价值系统的连接成为可能。在这一背景下，我们必须鼓励发展新的金融创新形式。在过去的十年中，我们见证了金融服务业最具革命性的变化。在很多市场，关于金融服务的创新形式早已出现。

第三章

# 颠覆的力量

悲观主义者永远看不到宇宙的奥秘，不会航行到未知的大陆，也不能为人类的灵魂打开一个新的天堂。

——海伦·凯勒（Hellen Keller）

## 目标的曙光

每天，全球数十亿的人口都在用他们的时间和劳动力来换取收入，以满足自己和家庭成员的需求。每个人都像是一根织线，共同编织起经济系统的网络。这一体系由科技和传统所支撑，每个人都在这个大网中贡献着自己的一份力量，也从中获取自己所需。在公司、工厂和其他各领域，这类交换广泛存在，但这其中又是什么将我们联系起来的呢？答案是货币。当货币在各种不同类型的工作和薪酬之间流通时，我们的付出得以满足他人的基本所需，对于小部分人，甚至可以为其带来更高的报酬。这也是为什么帮助他人获得、优化收入并实现可持续发展是如此重要的原因。

而这一过程也蕴含了本书中所遵循的原则，即在满足自身需求的同时也为他人创造更多的价值。在之前的内容中，我们探讨了人们能够获取食物、水资源和住所等重要资源的意义，同时也阐述了在这一过程中可能面临的阻力，如人口的变化、社会的流动性受阻、工作性质的改变、种族和性别间的不平等。所有这些因素都将当前的不公平现象推向新高。而当我们开始思考该采用什么样的举措，以及如何从行业角度减轻上述问题的负面社会效应时，我们又该从哪一步开始呢？

同时，除了基本需求之外，我们的目标是让社区的每个成员都可以生活富足。为此，我们需要打造一个更具响应大众需求的金融服务生态系统。相关的银行服务供应商（以及所有依赖他们的企业）都应该朝着服务大众的方向加速推进，而不应该为了追逐短期利益仅为少数人群服务。金融产品和服务往往可以反映基本的需求：支付和货币转移帮助我们实现劳动力与商品的转化；储蓄和往来账户使我们可以更好地管理并储存我们的工资收入；投资和保险帮助我们更好地保护我们的财富和金融遗产。然而，这些都是相对理想的状况。现实情况是，大众在金融需求方面的满足情况往往和其他基本需求一样，是不平衡的。每个人在接受金融服务方面都应该拥有相同的权利。虽然这一理念目前还不被大多数企业所接受，但也许我们应该以此为发展目标。

正如在第二章中提到的，全球仍有17亿人口没有银行账户，同时更多的人银行存款严重不足。全球大多数人口的财务状况并未获得明显提升，这也导致其后代的财务基础相对薄弱。在如何减小这一差距方面，金融服务行业扮演着主要的角色。在这一过程中，金融服务行业不仅仅起着催化资本获取和优化的作用，同时也在服务社区方面有着巨大影响。简而言之，金融服务业在释放货币价值方面扮演着"看门人"的角色。

同时，不论银行经理承认与否，金融行业对经济包容性的影响也是最大的。但与此同时，当前很多人在食物、水源，以及住房等

基本需求方面还没有实现自足，社会上只有部分人口实现富裕而很多人被甩在身后；在这样的背景下，我们不应只把金融普惠性的实现视为我们的最终目标。为了解决这些问题，我们又该如何打破壁垒，打造公平的竞争环境呢？也许我们可以优化个人在资本、薪酬以及财富创造方面的机遇。我们需要透过当前的商业模式去寻找可行的解决办法，去真正理解其可能带来的影响，要从公有和私有两个领域，要从政策制定和银行业及其之外的领域着手解决。当然，我们应该充分认识到，无论对于银行还是其他行业来说，想要实现普惠金融的诉求都不是一蹴而就的。

## 为无银行账户和存款不足的人服务

能够找到工作，有能力进行商品和服务交换，随着时间推移能够获得储蓄并加以利用，这些特征与资金转移、货币存储、贷款和投资的获取都是当代社会经济发展的重要体现。同时，基于货币的重要作用，以上功能也应成为每个公民的基本人权。与移动电话的普及相同，我们对银行服务的需要，以及对健康、迁移、个人数据及身份货币化的需求都已经成为当代社会生活的必需品。

正如我们对打造安全可持续社区的期望一样，我们也必须为实现全球金融的包容性而继续努力。我们的共同目标应该是确保每个人都可以获得基本的银行服务——无论他们是否在银行办理业务，同时确保能够实现货币价值的优化。在这方面，我们已经取得了一些成就。仅仅在过去的6年里，全球拥有银行存款的成年人的比例逐渐增加：从2011年的51%至2014年的62%，再到2017年的69%，在这一过程中，全球共有12亿人口拥有了银行账户以及移动货币账户。

尽管这是一个巨大的进步，但仍有17亿人口没有银行存款，这一比例大约占到全球人口的22%，其中过半数的无银行账户的人口集中在中国、印度、巴基斯坦、印度尼西亚、尼日利亚、墨西哥和孟加拉七国。这一情况提醒我们前方还有很长的路要走。同时，世界银行的数据显示，全球无银行账户的人口中有62%的人没有接受过小学教育。他们生活在极度贫困家庭中的比例是受过教育的人的两倍。每10个无银行账户的人中就有3人的年龄介于15岁到24岁，47%的此类人口处于无业状态。此外，性别差异在银行账户拥有率方面也同样存在：与男性相比，女性获得正规金融体系服务的机会被大打折扣。

世界银行的同一项研究也显示，影响开设银行账户的因素主要包括：

- 没有足够的金钱（60%）；
- 没有开户需求（37%）；
- 家庭中的其他成员已开通银行账户（35%）；
- 银行距离太远（24%）；
- 缺乏银行开户需要的文件（21%）；
- 个人在银行系统信誉不足（18%）。

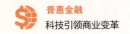
尽管不是所有人都认为他们有开户需求（有些人可能缺乏相应的办理资质），但大多数人依然需要一种通过支付手段获取日用商品和服务的方式。也正是基于这个原因，越来越多的人开始关注如何普及银行的交易服务。其中，银行要在个人信用方面继续予以关注，而优化民众的经济生活是增强信用度的有力措施。当然，知易行难，当前全球人口中大多数仍面临银行存款不足的窘境。

## 从取得到优化

金融服务的获取对于满足各类社区日益增长的需求具有重要意义。银行除了在提供食物、水源、住所方面扮演着重要角色外，还应在金融服务优化方面不断改善，而后者可以说是当代社会繁荣的基石。当前很多人仍面临着没有银行账户或银行存款不足的窘境。社会也面临着各类问题，如老龄化加剧、工作性质和相关补偿的变化，以及女性和弱势群体在收入及机遇方面的不平等，所有这些都给社区发展带来了巨大的挑战。

此外，金融普惠性在不同地区也有着不同的发展状况。其中一项检测标准是通用的——金融准入性，但仅凭这一项来检测金融普惠性是远远不够的。获得金融服务的准入仅仅是万里长征的第一步，这一过程中还将伴随各类其他的挑战，总结如下。

- 在肯尼亚，随着金融科技类初创企业的兴起，很多之前没有银行账户的民众终于开通了相关的银行服务业务，其中诸如M-Pesa[①]等金融科技软件使该地区居民的信用卡办理流程变得非常便利。一份2019年的调查显示：在肯尼亚获得正式金融服务的人群比例已经从2006年的27%上升到了83%。但另一方面，这一进程在使贷款流程更加便利的同时，却使理性贷款变得更加困难。具体来说，通过贷款，创办小型企业更加便利，但对消费者来说有可能会导致其过度依赖贷款消费。现实情况也已经证明了这一点：在肯尼亚，每5位使用金融借贷服务的人中就有一人面临无力还款的窘境。

- 在改善金融普惠性方面，印度取得了巨大进步。以2017年为例，根据全球金融指数数据库（GFD）的统计，当年印度约有80%的成年人拥有银行账户，而在2011年这一比例还仅为40%。然而，银行开户率的提升并未给印度民众带来均等的益处。2020年世界经济论坛全球平等指数显示，在经济参与度与机遇获取方面，印度在153个上榜国家中位列第149位。这也体现出，除了关注信贷获取资质外，金融服务的其他方面也不容忽视，如储蓄、小额保险和创收机会的取得，只有这样才能实现公平，进而实现跨地域和跨性别的、真正意义上的社会转型。

- 表面来看，美国的金融普惠性也取得了巨大的进步。根据联邦

---

① M-Pesa 由肯尼亚及坦桑尼亚电信运营商 Safaricom 推出的手机银行业务。——译者注

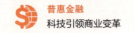
存款保险公司（FDIC）的统计，全美国仅有6.5%的人口处于无银行账户状态。同时2017年全美存款额较低的家庭占比也降至18.7%——2420万个家庭中的4890万成年人口存款较低。然而，光鲜的数字仅仅反映出美国社会的一个方面。根据金融健康网（Financial Health Network）的统计，尽管美国经济经历了10年的猛增，全美财务状态健康的人口比例仅为29%。此外，财务健康的差距也仍然在各种族和民族间蔓延。同时女性在财务状况方面显得更加脆弱，2019年的数据显示，51.2%的女性表示其账户的流动储蓄不足以支撑其未来三个月的开支。

- 与美国相比，其余发达国家的无银行账户人口要更少一些。以英国为例，该国政府发布的2018—2019年《金融普惠性报告》显示，目前英国有123万人口没有现金账户或流通账户。这一数字为英国历年来的最低值。尽管非银行金融技术（FinTech）解决方案极大提高了金融准入性，但电子支付的流行可能会无形中促使那些之前仅使用银行卡的人转而使用电子支付服务。随着无现金社会的出现以及银行的分支机构不断关闭，社会弱势群体将受到更大的冲击，如居住在农村地区的人口。而疫情可能会进一步加速这一趋势，这一切都迫使金融机构不得不对其分支机构的长期战略进行重新思考。

全球范围内存在的无银行账户及银行存款不足的情况反映出了当前经济存在的诸多问题。而这种不公平和与之伴随的社会问题也不是仅仅通过降低银行准入门槛就可以解决的。为此，我们需要付出更大的努力，我们以当前金融体系无法惠及的群体为对象，向其普及金融相关知识、提供远程账户办理服务，以及其他满足其基本需求的措施。这一过程中蕴含着巨大的机遇，这不仅局限于使人们拥有银行账户，整个金融服务生态都将能够服务全球人口，满足其多样化的需求。这也注定将影响每个人、每个家庭和每个企业。

除了没有银行账户的个人外，全球还存在超过2亿的小微企业缺乏足够的资金支持，而这也对它们在带动地区经济及解决就业方面的作用产生了巨大影响。因此，金融行业及规模不断扩大的金融科技行业有机会变得更有社会责任感，更紧密地与客户联系，对公益活动给予更加足够的重视。提高金融普惠性不应成为我们的最终目的，而应视其为实现最终目的的手段。

## 建立有意义的目标

世界银行曾联合其他私营及公有的行业伙伴，制定了到2020年实现全民金融准入（UFA）的目标。它曾设想届时全球所有成年人都将获得可交易的银行账户或可以存储资金、发送和接收付款的电子工具。当前全球三分之二的无银行账户的成年人都拥有可以储存和流转资金的移动电话。金融数字化的普及可以极大推动全球范围内金融普惠性的实现。然而，要想实现金融准入普及化并非易事，而这仅仅是实现优化人们金融状况的第一步。

世界银行也提出进一步削减极端贫困和平衡经济发展等更加广阔的目标。当前，随着数字化技术的进步，无银行账户人口大大降

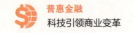
低，金融科技方案也被更加广泛地传播，使之前依赖移动银行服务的人群有了更多的选择。与移动银行相比，金融科技解决方案可以在不同地点更好地进行客户数据、金融账户和历史信用的转化。而这也更加符合无银行账户人群的需求，特别是对于当前或一直以来流动性较大的人口来说更是如此。

世界银行的一份研究也提道："自从2010年以来，已有超过55个国家和地区在扩大金融普惠性方面做出了承诺，此外30多个国家和地区已经启动或正在推出相关的国家战略。"随着这些国家在金融普惠性方面的发力，各国政府也需要调动国内国有及私营企业的参与，来确保偏远地区的贫困人口和女性获得金融服务的权利（性别不平等在贫穷状况方面也要体现，而女性获取金融服务的便捷程度的比例比男性也要低）——这两大类人群遭受极端贫穷的影响最为严重。此外，相关措施在实施过程中也要注重进行金融知识普及以及针对客户财务的保护。

在这一过程中，各类金融机构要积极参与其中，要与金融领域内的各种实体合作，与政策制定者合作，同时要加强与那些旨在提高金融普惠性的非政府组织合作。随着金融普惠性的提高，财务健康也成为各行各业的新特征。通过与银行和金融科技公司合作，公司可以进一步更新其零售、借贷和企业平台。这也有助于推动现金及纸质类金融工具向数字化方向发展。从金融发展历史来看，这可以增加交易账户的使用量和获取贷款的机会。最终，此类目的性的举措将推动各行各业改善财务状况，也将在拓宽金融普惠性方面发挥杠杆作用。

在建立伙伴关系方面，银行（以及其他企业）还必须"支持合法、合规、符合相关政策的改革，以及政府各类方案的设计，使金融服务的开放性进一步提高——包括储蓄、保险和信用诸多方面。只有这样，才能在账户交易过程中为提高金融普惠性开辟道路"。世界银行组织也在总结中提到，银行要通过与金融科技企业合作提高自身在新技术方面的融资水平，要继续努力加强自身竞争力（包括行业内部与外部的竞争力）；同时银行要致力于"为银行和诸如电信、金融科技、邮局、合作社和代理网络等非银行或非传统服务供应商提供公平的竞争环境"。

那么现在的问题便是银行是否会把注意力集中到上述的各类机遇中，以及其他类型的企业将在其中扮演什么样的角色。随着银行效用的不断开发，各行各业取得金融服务的门槛都大大降低，也给消费者带来了更多的经济福利，更好地满足了其多样的诉求。

## 迎难而上

美国当代经济学家米尔顿·弗里德曼（Milton Friedman）曾经在《纽约时报》上发表过一篇文章《企业的社会责任就是增加自身的利润》，他为企业的盈利能力提出了强有力的论点。对于银行这类在历史任何时期都具备较强盈利能力的行业来说，其商业模式用米尔顿·弗里德曼的理论来说无疑是成功的。与其他行业相比，银行提供的产品与服务永远是各个时代的必需品——货币流动，它是当代全球资本主义制度的血液。自2012年全球金融危机结束后，全球各大银行都始终保持着资本化，在利润方面也不断迈上新的台阶（面对当前新冠肺炎这一黑天鹅事件及其带来的各种新的限制措施，全球银行业都做好了相应准备）。如此看来，银行似乎没有必要去改变自身的商业模式来服务那些没有银行账户或无法完全享有银行服务的群体。因为这样做违背了米尔顿·弗里德曼所倡导的原则，即关注盈利，将企业股东收益最大化。

那么我们为何还要推动金融普惠性呢？一个简单的答案便是做好事有好报。银行业应该不断致力于推动金融普惠性和金融服务优化，使消费者从中受益，因为这样做可以为其带来巨大的机遇（之后会具体阐述），对于维系未来客户关系也有着重要的作用。想要实现全球范围内的金融普惠性，银行需要在诸多方面付诸行动：采用积极的举措来充分激发经济活力，进而提高世界各地居民的生活水平。但想要真正改变一个行业依然非常艰难，比如金融服务。其主要原因是企业往往将过多关注点放在了各类指标和短期的盈利能力上，而没有关注其给社区群众带来的价值和便利。

大型上市金融服务企业的经营状况主要由财务季度和财务业绩来决定。这一考核方式也塑造了一批专注于短期效能的全球高管。同时各类财务激励机制也应运而生，这无疑给前者带来了巨大的收益。公司的各类决策也往往单纯地考虑企业利润，而这也往往与消费者的利益背道而驰。那些从前便于消费者理解的各类银行产品和服务已逐渐演变为名目繁多的各类费用以及由企业多层管理系统把控的复杂报告。在过去25年的发展过程中，顾客价值似乎被很多全球顶尖金融企业所忽略。几个世纪以来，银行都始终奉行自我保护的商业模式，在这一过程中，一些改变往往在所难免。

从2007年开始，银行开户客户的角色就从之前银行的核心资产转变为了各类银行的边缘化部分。此外，网络和移动技术进一步使客户群体出现分化（这一过程通常以提高工作效率为幌子进行）；借此，各类银行商业模式都通过提供相对复杂的金融服务不断累积财富，而这一过程通常并不会给客户带来太多价值。其中一些服务，例如债务抵押债券（CDOS），为发生经济危机及行业信用遭到永久性侵蚀埋下了伏笔。因此，各类银行对改善那些未得到足够金融服务的客户重视不足，以及将一般客户的需求置于次要位置也就不足为奇了，因为银行业要始终为自身的生存而战。在全球金融危机结束后，每年都会出现新的挑战，尤其在科技和针对该行业的外部私人投资方面。

## 聚焦关键的一年

在过去的几个世纪里，金融服务的商业模式都保持着相对稳定。其社会功能主要是依靠人际关系进行驱动的，随着科技和环境的变化，其社会功能也逐渐朝着更加客观的模式发展。2007年对于银行业（及其他很多行业）来说是意义重大的一年，原因有诸多方面。这一年肯尼亚及坦桑尼亚电信运营商Safaricom推出了基于手机转账和小额信贷的平台M-Pesa；同年，欧盟委员会颁布了《支付服务指南》（PSD）第一版，旨在规范支付服务和支付服务供应商；苹果公司推出了第一代iPhone，开启了智能手机的时代；同样在2007年，全球性金融危机开始出现。

所有上述事件都与我们今天所看到的在金融服务领域发生的各类变化息息相关，也与前文提到的金融服务从获得到优化的过程关联密切。肯尼亚M-Pesa（Pesa在斯瓦西里语中是金钱的意思）的推出实现了低成本的资金流动，这一覆盖了东非地区数百万人口的服务也证明了包括电信在内的诸多行业都可以在普及银行服务方面发挥他们的作用。同时，iphone和诸多智能手机应用的出现也从根本上转变了之前银行与客户的关系，货币在生活中扮演的角色更加透明化；与此同时，随着个人财务状况变得不再神秘以及持续优化，民主化水平登上了一个新的台阶。

智能手机的出现也开启了一个新的认知，那就是一款智能手机应用所驱动的商业模式能够达到类似银行业务关系的复杂程度。欧盟委员会出台《支付服务指南》是在欧盟的第一次针对开展竞争、创新和数据开放的监管行动，因此，《支付服务指南》也被称为当今开放式银行的先导（更多相关内容将在下一章中阐述）。全球金融危机使人们开始质疑银行系统的价值，与此同时，一个低利率的环境正在"孵化"着大量全球性的金融科技初创企业。过去的十年见证了金融服务行业中史无前例的大规模创新。为什么说这些改变对于我们今天所看到的局面如此重要呢？这又给其他行业带来了什么样的启发呢？对实现金融包容性和普惠又有什么积极影响呢？

当前看来，将一台小巧但功能强大的笔记本电脑与世界各地的数十亿人相连，其产生的变化是非常显著的——回想一下我们之前提到的银行的商业模式。自iphone和苹果商店推出以来，科技的力量开始使银行朝着一个似乎无法避免的未来发展。与2007年相比，当前已经有上万家非银行的初创公司和大型企业出现，通过下载手机应用为用户提供各类金融服务。因此，银行将金融服务视作自身商业模式核心的时代已经一去不复返了。

商业模式的演变在其他行业也同样存在：个人电脑、电信服务、智能手机制造（参考手机制造商诺基亚的大起大落便可以发现）、电影和音乐出品、游戏创作以及其他很多行业。在这其中，为什么苹果（以及之后的安卓应用）可以实现颠覆式的发展呢？答案也许和消费者的行为变化有关——我们如何理财，如何选择喜欢的品牌并购物，如何处理获得的信息，以及如何度过每一天。这些变化催生了数十亿美元市值的公司（从Uber这样的叫车平台到各类食品和服务供应商，这些公司的服务已经在消费者市场成了超级应用），也在企业和消费者群体间建立了一种新的亲密关系。

当前，随着智能应用对个人数据的采集，消费者与各类应用提供的个性化服务日益密切，这也对其他行业产生了影响，例如健康，交通旅行（酒店、航班、列车运输服务、公共交通以及度假租赁服务），摄影等。同时旨在连接消费者与企业以及企业之间的各类商业应用和名录也层出不穷，传统的集市也受到冲击（传统的大型商场纷纷转移至线上来获得更高的利润）。在这一过程中，科技往往扮演着颠覆者的角色，曾经对长期市场活跃度的关注现在已经逐渐转移到如何更加直接地获取客户，如何在更大范围内增加价格与价值的透明度，以及如何让"立即下单"键永远处于最显著的位置。从2007年开始，消费者们开始在商品和服务方面有了更多的选择。2007年人们受到的影响甚至超过之前互联网和万维网出现之初带给人们的影响。

尽管金钱在金融活动中依然扮演着连接点的作用，使得客户可以有多样的选择，但在个人关系方面，金钱往往并不是主要关注点。随着全球商业活动不断朝着移动端的方向发展，这也会带来一些问题。自从2007年以来，不断增加的联系在催生各类新公司的同时也导致了一些金融问题，其中以过度消费和信用卡透支为主要表现。

因此，对于各行各业来说，只有充分认识到消费者财务健康的重要性并为此做出努力，才能更加有效地维护自身利益。对于社会来说，只有金融包容性的程度提高了，整个社会的财务状况和行业环境才能更加健康。

这也解释了为什么每当与大众利益相关时，弗里德曼所鼓吹的不惜一切代价获得利润从而实现股东利益最大化的观点总是无法立足。因为对任何企业来说，其长期生存能力都与每个人的身体健康以及企业、个人的财务健康息息相关。

在2007年我们见证了一系列变化，全球经济活力迸发，供需系统和各行各业的商业模式都发生了改变。这些变革又将如何影响你所在的企业和你的工作呢？当你在思考企业对社区的责任时思维方式又会因此如何转变呢？对于非金融类企业来说，对银行业所发生的变化的充分理解有助于其更好地办理相关业务（包括银行所提供的各类服务，如支付、长期储蓄和投资、获得信贷），这可以进一步降低客户成本，并在产品价值和服务水平方面进一步提升。尽管各类银行本身最终可能会被科技或一些代码片段所改变，但促进银行业务发展的需求将永远存在。

在打造更加平衡和包容的平台时，必须将透明性原则作为各类管理原则的核心。通过将透明性原则与数字技术、各类渐进式规章制度及全新银行商业模式的结合，我们能够让市场经济中这只"看不见的手"显露头角。

——保罗·西罗尼（Paolo Sironi），
《定量金融、数字化转型和经济理论》
（*Quantitative, Digital Transformation and Economics Theory*）作者

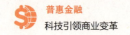

## 金融科技的变革之路

科技一直以来都在金融服务业中扮演着重要角色，从20世纪初期的"联储电信"（Fedwire）——电子资金转账系统，到20世纪40年代银行发行的签账卡；随后出现了第一代被广泛使用的信用卡——1950年的大莱卡和1959年的美国运通卡。用于验证的磁条在1960年第一次被应用于信用卡内部，在这之后，信用卡的基本形式基本没有改变，直到射频识别（RFID）技术出现。该技术给无接触支付的发展注入了动力，之后出现的EMV芯片[1]更是进一步提高了交易的安全性。

自此以后，各类创新层出不穷，使支付活动不再局限于一张实体卡：从智能手机或可穿戴设备上的支付应用到人脸识别支付或指纹识别。同时，在信用卡取得发展的同时，第一台自动取款机（ATM机）也于1967年在伦敦巴克莱银行的一家分行投入使用，这也开启了一个以"自助服务"和"自动化"为代表的新世界。ATM机的出现使银行可以将柜员的工作变得更加自动化而不需要延长工作时间；同时也使银行可以保持或进一步扩张其实体存在，而不需

---

[1] EMV 是 Europay（Europay 后被并入 MasterCard 组织）、MasterCard、VISA 三个信用卡国际组织联合制定的银行芯片卡借记 / 贷记应用的统一技术标准，代表着新一代银行卡（IC 卡）的主流标准。——译者注

要开设新的分支，也不需要承受额外的人工费用。

自此，下一次大规模金融科技进化将在几十年后再次出现——客户将能够在24小时内随时随地办理银行业务。在移动支付发展的同时，智能手机的出现也促进了这一过程。正如前面所提到的，2007年iphone的推出极大地加速了这一进程。以移动体验为特征的新一代金融服务改变了传统的游戏规则，重写了人类习以为常的支付行为，也改变了银行自身的行业模式。除了新技术之外，银行业还在发生着更多的变化。

## 金融科技的影响

在过去的10年，全球经济复苏和低利率的环境为外部金融科技投资和颠覆性创新提供了一个近乎完美的"孵化器"。对于银行来说，随着行业内经历了第一波外部创新大潮，一些曾经令人生畏的客户关系也开始发生转变。

数千家初创企业开始关注支付、信贷、财富创造和咨询建议，创造出了一股新的活力。在更加优秀的价值输出方面，或者至少是在价值转变方面，大型科技公司和小型初创企业都比大多数金融企业要做得更好。

在过去的20年里，全球金融科技新的商业模式从美国、英国、中国、印度、非洲和东南亚等地涌现出来。从个人理财到支付、从

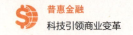

银行基建到预防欺诈，这些初创金融科技公司给世界金融服务业带来了天翻地覆的变化，改变了顾客对可获得商品服务的期望值，同时向行业精英们发起挑战，使其推动金融服务向更高的水平发展。在这批开疆扩土的初创企业中，不乏一些取得显著成就的公司，这里我们进一步举例说明。

### Pesa、Transferwise[①]、PayPal[②]、Remitly[③]和Venmo[④]

总的来说，上述应用程序改变了资金在消费者和商户之间的转账方式，其影响不仅停留在国内，也传播到其他国家。2007年推出的M-Pesa是一款基于智能手机平台的货币转账应用程序，由世界移动网络巨头沃达丰（Vodafone）为坦桑尼亚电信运营商Safaricom和南非Vodacom集团提供；自从其问世以来，累计帮助肯尼亚2%的家庭脱离了贫困，M-Pesa也因此家喻户晓。与之类似，在西方各国，PayPal是最早的金融科技初创企业之一，也是最知名的数字钱包之一。Venmo则在社交支付方面占据一席之地（该服务在2009年推出，最后被PayPal收购）。Transferwise和Remitly则在跨境转账和外币交易方面大大降低了消费者成本。这对全球的各个群体都产生了积极、宏观

---

① 一款提供国际汇款转账服务的P2P平台产品服务。——译者注
② 一个总部在美国加利福尼亚州圣荷塞市的在线支付服务商。——译者注
③ 一款国际汇款App，适用于资金回国，收外贸款等情景。——译者注
④ PayPal旗下的一款移动支付服务，可为用户提供一种新的社交支付方式。——译者注

的影响。

### Acorns[①]、Betterment[②]和Wealthfront[③]

像Betterment和Wealthfront这样的智能咨询平台，依靠其自动化技术极大地降低了投资的成本。对于那些之前由于资金不足而无法获得传统投资公司青睐的消费者群体来说，这为他们提供了新的投资机遇。另外，尽管就个体公司而言，美国银行仍然把控着类似"集资采购"等大规模投资，但像Acorns这样的小型企业也在投资中扮演着重要作用，凭借其推出的"创始资金"（Found Money）服务，Acorns成功帮助人们利用闲置资金进行投资活动。

### Square[④]、Stripe[⑤]和Klarna[⑥]

能为金融服务起到疏通作用的行业（及那些促进各类交易高速流转的系统和科技）注定是有利可图的，尤其是在支付和数据方面。无论在实体店、电子商务还是移动应用程序中，支付方式的简化和交易数据价值的提升为商家和消费者提供了极大的便利，其所产生的价值也非传统银行所能比拟。

---

① 一款美国储蓄和投资应用程序。——译者注

② 一家美国的智能投资管理平台。——译者注

③ 一家美国的基于软件的在线财富管理企业。——译者注

④ 一家美国移动支付公司。——译者注

⑤ 一家美国的针对中小型企业的在线支付方案供应商。——译者注

⑥ 一家位于瑞典的电子商务信用支付服务公司。——译者注

Marqeta①、Mx②、Yodlee③和Plaid④

以Plaid、Marqeta和MX为代表的一些金融科技公司正在利用交易数据和各类新功能（如发卡和储蓄账户），帮助其他金融科技初创公司（和银行合作伙伴）开发新的方法，在聚合数据和银行关系的基础上，为客户提供新的服务，并对其进行评估和帮助。

### 聚焦PayPal

任何关于金融科技的故事都无法离开PayPal，这一金融科技界的鼻祖以及最著名的电子钱包供应商成立于1998年12月，当时公司名为康菲尼迪⑤（Confinity），主要业务是为各类手持设备开发安全软件。经过一系列企业管理变革后，PayPal于2002年上市，不久后被eBay收购。最终在2015年，PayPal与eBay正式分离。

根据其官方网站显示，PayPal平台可以在全球200多个市场

---

① Marqeta 成立于 2010 年，总部位于美国加州湾区，是一家提供完整 API 开发者权限的创新支付服务供应商。——译者注

② 美国金融数据软件公司。——译者注

③ 一家美国创业公司，旨在促进数据在银行与创业公司之间流动。

④ Plaid 公司于 2012 年在美国旧金山成立，该公司设计的软件可允许金融技术初创公司访问其客户的银行账户信息。

⑤ 1998 年麦克斯·拉夫琴与他人共同创建 Fieldlink 公司，随后更名为 Confinity。后来 Confinity 又与 X. com 合并成为 PayPal。PayPal 公司于 2002 年上市，随后被 eBay 收购。

使用，消费者和商家可以接收超过100种货币，提取56种货币，同时PayPal账户余额支持25种货币形式。根据2019年第4季度的投资报告显示，公司有3.05亿活跃用户，其中48%都来自美国以外的地区。同时公司也积极致力于各类社会创新，为经济状况不佳的用户提供新的解决方案。为了践行这一目标导向，PayPal表示，其董事会成员中50%为女性和其他少数种族群体；考虑到当前大多数公司董事会由白人男性把控，PayPal在这方面的成就不容小觑。

该公司更著名的收购案例包括对Braintree（以及该公司的Venmo，一个广受欢迎的社交移动支付平台）、瑞典移动支付公司iZettle（也被誉为欧洲版的Square）、企业视频通讯平台Zoom以及货币转账服务公司Hyperwallet的收购。在公司总裁兼首席执行官丹·舒尔曼（Dan Schulman）的带领下，PayPal的业务早已不再局限于支付平台。随着对消费者购物奖励及协议服务商Honey公司的收购，PayPal也开始将其业务延伸到购物领域。

丹·舒尔曼曾经表示"当穷人是成本很高的"。对于资金条件相对宽裕的个人来说，管理和移动大量资金不应该被视为一种特权。对于一家企业来说，树立企业目标和保持盈利并不是一个单选题。舒尔曼提到，"如果企业没有发展目标，没有将员工作为企业最重要的资产，企业的盈利能力就会大打折扣"。关于PayPal将如何继续进行自身及行业的改革，我们拭目以待。

## 寻找行业的灵魂

一个行业的共同愿景该如何定义，对于一个行业来说，什么才是统一的使命？对于金融服务业这类一直以来饱受争议的行业来说，这一问题的答案尤为重要。益普索集团曾经在23个国家发起一场关于职业信用的投票，结果显示，银行家在职业信用度排行中位列倒数第4名（41%的受访者将其定义为不值得信任），倒数前3名依次是政客（67%）、政府官员（57%）、广告主管（46%）。哪个职业被大众认定为是信赖度最高的呢？答案是科学家（11%）。我们不禁反思为什么银行业这一对社会如此重要的行业在大众眼中的信赖度如此之低？相信随着国有和个人持股人队伍的提升，在正确政策的指导下，大众对银行业一定会重新恢复信心。银行业需要再次找到自身发展的"初心"，并在这一过程中打造一个更加包容的金融服务系统，从而更好地应对其今天所面临的问题。

来自埃森哲[①]（Accenture）的估算显示，银行如果能够缩小小规模商业信贷之间的差距并将无银行账户和银行存款不足的成年人纳入正式金融系统，那么银行每年可以产生3800亿美元的收入。可以说银行的此类举动对自身和社会都会产生巨大的益处。

金融系统的排外性会导致贫穷加剧、寿命缩减，也会侵蚀社会

---

① 埃森哲（Accenture）是全球最大的管理咨询、信息技术和业务流程外包的跨国公司。——译者注

平等。坦率地说，缩小金融差距、推动金融包容性发展将提升全人类的生活体验，至少也会对全球金融平等起到促进作用。

对于追求道德、伦理与价值方面成就的企业，盈利能力往往成为一种实现此类目标的方式。这类企业的成功也充分说明商业利益与目标驱动的商业模式是可以并存的。

——曼尼·戈文丹（Manoj Govindan），创业者

## 内心和心态

为了充分发扬普惠金融所倡导的原则，商业领袖们需要携手共进，调整内心和心态，为实现普惠金融做出实际行动。通过合作，金融服务业可以促进银行业务的改善、推动金融服务的包容性和公平性——因为金融服务行业的活动可以影响到各行各业。我们要提高对银行业的影响力的认识，进而采取更加有力的措施来改善现状。

随着金融科技初创企业的涌现，很多人将其视为推动经济民主，冲击银行业对经济控制力的有力举措。但在这一过程中，由于各类无意识的偏见，导致新成立的初创企业依然将提高收益作为创新和各类方案的初衷，而在改善财务状况和提高生活质量方面并未采取实质举措。银行从业人员要致力于提高社区公民生活质量，在制定相关金融制度时要充分考虑针对个人的金融知识科普教育，进

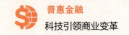

一步改善大众的财务健康状况。银行和金融科技的技术人员也不应
接受陈旧制度的各种限制。在创立公司时，要保证其能够真正起到
财务优化的目标。

第四章

# 一场商业模式的重生

所有的公司都将成为金融科技公司。

——安吉拉·斯特兰奇（Angela Strange），

安德森·霍洛维茨基金合伙人

## 虎落平阳

正如在第三章提到的，金融服务业正在发生相当大的变革。随着银行功能与价值的分离，这一变革几乎给所有行业都带来了影响。金融服务业正在进行系统化的"松绑"，同时针对客户关系中的个性化需求，各类专业性极强的初创公司也不断推出易于理解和便于操作的产品和服务。银行家则对这类初创企业十分仇视，认为其蚕食了为自身创造最大利润的客户群体。这一全新的商业模式及其相关技术将极大冲击传统金融服务业商业模式所能发挥作用的核心领域。更重要的是，此类初创企业将更好地对接客户心中认可的价值观。对于很多银行业从业人员来说，金融科技领域的创新趋势是令人不安甚至令人畏惧的。而此类创新是否会带来更多促进金融包容性的行动，是否会朝着实现普惠金融的方向发展呢？我们拭目以待。

各类科技创新几乎触及了银行业的各个领域。在移动科技出现的同时，其他技术也在不断涌现，从云技术到区块链、从人工智能到机器学习、从数位传送到自动化服务，各类技术都推动着金融服务业的转变。这主要归功于各类针对金融科技初创企业的风险投资，此类投资对于推动变革、促成新商业模式起到了显著作用。银行也从此类投资中学到了很多——约三分之一在金融科技方面的投资都有企业风险团队参与，其中很多投资人正是银行自身。这也显著影响了银行对引入整合技术的态度，并推动促成了近年来很多关于金融科技企业的合并和收购案件。

各类支付领域的"企业玩家"正在改变全球范围内人们寄钱和存款的方式。这类企业有：肯尼亚的M-Pesa——该公司主要提供支付和小额信贷权限服务；印度尼西亚的 bKash①；英国的 Transferwise；墨西哥及菲律宾主要使用的 Remitly。此类公司都让移民和侨民能以较低成本进行跨国货币流通，提供了极大便利。根据最新的麦肯锡全球支付报告，在2019年，跨境支付总额达到130万亿美元，产生了总值2240亿美元的支付收入（比上年提高4%）。因此，抓住支付领域的相关机遇对企业来说异常重要，对拓宽金融包容性、降低用户的货币转移成本具有重要意义。

在金融服务扩张的过程中，各类大型科技企业也纷纷加入其中，从谷歌、苹果、脸书、亚马逊到Grab②、Line③以及其

---

① bKash 是孟加拉国的一家移动金融服务公司，由孟加拉国银行作为孟加拉农村委员会银行（BRAC Bank Limited）的子公司运营。——译者注

② Grab 原名为 "Grab Taxi Holdings Pte Ltd."，东南亚打车租车服务供应商。——译者注

③ Line 是韩国互联网集团 NHN 的日本子公司 NHN Japan 推出的一款即时通信软件。——译者注

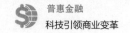

他诸多企业。资金对于日常生活和各类活动都很重要，上述各类科技公司也通过数字支付和资金移动进一步强化了资金的重要性。

新形势下，一批具有全球视野的银行以挑战者的身份出现——有时也被称作数字银行，特指那些依靠数字化技术直接提供服务的银行类企业，但其中有些企业并不是银行，而是依附于其银行合作伙伴。此类企业已经在全球十多个国家出现，对传统银行的市场份额发起挑战。他们主要提供简化的银行服务体验——账户支出和储蓄，以及提供优化服务来帮助用户改善自身财务状况。而所有的此类举措也极大影响了我们对银行业模式的看法。用户不禁要问：如果没有易于操作的应用程序，是否还算得上是真正的现代银行？失去了科技类企业的服务，客户与银行的关系又该如何界定？

通过聚焦效率、引领效率，初创类企业正在为传统银行"松绑"，对传统银行的商业领域进行冲击。经历了近十年的"松绑"后，银行正在努力通过提供新式服务或与初创企业协作来更好地增加客户价值，进而重建其客户关系。其转变的核心是采用新方法来重新"武装"自身。从长远来看，这一转变是否会给社会带来好处呢？能否为那些无法充分获得银行服务的用户带来更多福祉呢？此类问题的答案无疑是确定的，但其最终效果将主要取决于银行系统的监管和安全创新能力。不论结果如何，科技正在引领金融服务业内部有史以来最大规模的变革。而这一过程也如同出鞘的利剑，无法阻挡。

在这一过程中，其他行业又可以学到什么呢？它们是否也面临着类似的"解绑"压力呢？从波音公司到通用电气，从本田到保时捷，从阿迪达斯到飒拉，从香奈儿到欧莱雅，面对消费习惯改变、购买行为变迁和客户关系变化的现状，没有一家企业或一个行业得以幸免。大规模的市场正在对传统买卖双方构建的直接客户关系发起冲击，这一过程与银行业所发生的转变极其相似。而像亚马逊、PayPal、eBay、美客多、乐天、沃尔玛等大型平台都将投身于这一变革中，没有一个国家可以置身事外，也没有一个商业模式可以不受影响。科技影响着我们每一次的消费行为，甚至影响着商品的配送渠道。

针对传统金融服务业的"松绑"也更深层次地影响了全球产业链。船运公司，诸如马士基集团、地中海航运公司以及中国远洋运输公司，都经受着来自支付方式变革的压力。新型支付手段也正在取代几个世纪以来通过信用证验证货物交易的古老流程。而这一改变的引领者便是以区块链驱动的技术以及各类用于验货的智能合约。此类合约的主要功能包括：通过验证产地和货物真伪来降低假货的出现频率，进而减少对人类健康的影响（追溯各类食物和医药用品的合法来源）；在船运期间对货物状况进行监测（包括对温度、湿度、移动和其他指标的持续监测）；以更加高效的方式处理卖方、买方和承运商之间的支付交易。提供此类服务的企业主要包

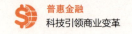
括Voltron①、巴比特②、马可波罗③以及众汇公司④。由此可见，并不只有银行业在经历这些变革。

## 旅程的下一站

从"解绑"到"再绑定"以及这一过程的反复，新的发展趋势令人生畏。在过去的10年中，新兴科技和创新步伐的加快以前所未有的速度推动了整个银行业的变革。金融科技初创企业也在不断成熟，从最初的新奇事物发展为一类专营市场中的产业，最终成功进入全球主要市场中，成为令人敬畏的竞争者。因此，尽管在当前新冠疫情下，全球的风险投资活动呈现活跃度下降趋势；但毋庸置疑，随着整个生态圈的成熟，在疫情后期，相关的交易仍将稳步回

---

① 一个石油行业的区块链平台。——译者注

② 一家使用区块链技术的加利福尼亚的创业公司。——译者注

③ R3 和 TradeIX 于 2017 年推出的马可波罗区块链贸易融资网络，允许交易的第三方（物流提供商）在货物到达目的地的同时实时向供应商付款。——译者注

④ 一家国际性的外汇经纪商，在英国、塞舌尔、中国、马来西亚分别设立办事处和服务中心。——译者注

升（摘自CB Insights[1]的《金融科技行业二季度报告》）。

诸如印度和中国等新兴国家的企业在这一场变革中扮演了引领者的角色。根据安永全球金融科技采纳率指数，印度和中国的金融科技消费者采纳率均高达87%。这与英国的71%和美国的46%形成鲜明对比；在消费者意识方面，货币转账和支付方面的金融科技运用位居榜首，从个人到个人的支付方面到移动支付和货币转账方面都是如此。

尽管实现全域化银行服务的趋势无法阻挡，但不同地区的转变方式大不相同——同时不同地区也产生了不同的商业模式。在欧洲，扮演银行挑战者角色的新兴企业数量最多，但随着开放式银行框架的建立，在当前各类银行和金融科技初创企业之外，一股新的颠覆性力量正在酝酿当中。各大科技公司依托智能手机不断为用户提供更多的银行服务，而用户对此类服务的接受度也不断提高。

未来的银行功能将主要依赖科技，由消费者驱动。同时，消费者使用智能手机的时间也将进一步延长，其成长环境也将充斥着各类科技企业提供的全方位服务。我们所生活的时代是一个数字化的时代，当前，客户很少去银行网点，他们大多喜欢在舒适的家里办理银行业务、进行购物。同时消费者也希望可以在一天中的任何时间，采用多种方式进行上述活动。智能银行的功能已经从汇报过去

---

① 一家风险投资数据公司，会定期发布如按需经济之类的经济发展趋势以及独角兽公司的名单。——译者注

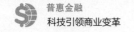
的情况发展为预测未来的趋势。

为了创造全新的价值，金融机构必须考虑将自身的银行相关业务与用户的日常生活场景联系起来，与用户的活动轨迹、需求、希望联系起来；同时金融机构也需要充分考虑自身对用户未来的影响。此外，在改善自身的核心产品方面，金融机构也需要开展多方合作沟通，打造相关的金融服务生态圈，因为在这一过程中没有一家企业可以孤军奋战。在基础设施的现代化和金融体系结构的变化方面，各类相关企业也需要积极参与，进而缩短产品交付周期。当今时代，仅仅基于过往的行为数据对消费者进行了解并得出相关的预判结论也是远远不够的。当前以客户为中心的理念要求企业具备高级数据分析能力，进而能够预测消费者的未来需求以及需求将在何时产生。想要在这一点有所突破，金融机构必须采取实质行动，积极发展相关能力；在这一过程中，银行需努力推动相关技术的完善，而不应仅仅考虑如何从中获利。正如当代科技在变革消费方式中所做出的巨大影响，当前我们也需要积极创新，利用全新的科技来打造不一样的未来——一个不分出身、不分国界、不分社会阶层的未来，一个人人享有财富创造能力和财务安全的未来。

在新趋势下，长期以来作为产品供应商的企业被迫成为行业之中新的挑战者，效率低下、行动迟缓的市场占有者将转型为以科技驱动的新兴企业，而这一变化也绝不仅仅发生在金融服务行业。在银行业务之外，传统服务供应商所构筑的"城墙"也正在被一批新兴初创企业所"围攻"。以保险行业为例，传统大型企业（如伯克希尔·哈撒韦公司①、法国安盛集团②、中国人寿保险公司）正在被新兴企业冲击（如Lemonade③、Roost、Slice、Clover、Oscar、CoverWallet、TrueAccord、Trov以及其他多家企业）。后者普遍具备较小的规模和更高的灵活性，用户可以快速注册登录，也可以感受到和其他保险服务商不同的体验。在很多情况下，此类小型保险公司可以为用户提供更加物美价廉的服务。其主要优势为科技驱动、团队规模精悍，同时其线上模式也使用户在使用时不会留下痕迹。

鉴于东亚各国出现的科技企业成长为超级应用程序并成功绕开传统银行的案例，不少西方大型金融机构也察觉到一丝威胁，摩根大通公司就表示将推出电子钱包业务，为来福车、亚马逊等电子商务及零工经济企业提供更好的服务。这一举措将使这两家公司可以为用户提供虚拟银行账户和金融服务，如针对卡车司机的汽车贷款。这一模式与总部位于印度尼西亚的共享出行企业Gojek非常类似，该公司最初主要提供搭车服务，后成长为该地区的超级应用程

---

① 伯克希尔·哈撒韦公司由沃伦·巴菲特（Warren Buffett）创建于1956年，是一家主营保险业务，在其他许多领域也有商业活动的公司。——译者注

② 法国安盛集团（AXA）是全球最大的保险集团，亦是全球第三大国际资产管理集团。安盛集团首家公司于1816年在法国成立。——译者注

③ 成立于2015年，总部位于美国纽约，2020年7月上市，是一家持牌互联网直保公司，面向租客和房主提供财产保险服务。——译者注

序之一，而这一过程也主要归功于银行在支付、借贷等服务方面对企业家和小型公司的开放。这一模式当前也非常值得摩根大通公司研究——通过在支付流程方面的适度让步来减少潜在的金融风险。

## 聚焦融资平台Propel Venture Partners

风投公司Propel Venture Partners的前身是西班牙毕尔巴鄂比斯开银行（BBVA）的内部风险部门，现为一家由BBVA支持的独立公司。公司在成立伊始就被定义为小型企业投资公司（SBIC），所获得的营业执照也由美国小型企业管理局签发。因此，该公司仅被允许投资美国企业，为此，该公司也通过建立欧洲基金会来实现跨国投资。

作为Propel Venture Partners公司的一般合伙人，金融科技"老手"瑞安·吉尔伯（Ryan Gilber）曾表示，该公司主要投资那些聚焦科技的小企业，而这类企业所发展的科技往往是被金融科技企业所忽略的部分。其投资的一些公司包括Hippo（主营房屋保险）、Guideline（提供全方位401k养老金解决方案的公司）、Steady（零工经济工作者服务平台），以及Charlie（消费者咨询聊天机器人）。

其中对Steady的投资最为有趣和及时，其过程也折射出雇用趋势的变化。在西方社会，人们可以发现当前的金融机构很难去为零工经济行业服务。Steady从这一点着手，旨在为零工经济从业者在个人财务方面打造更好的未来，该公司为零工群体人群提供就业平台、金融咨询和省钱的方式。根据Steady公司的数据，在其平台服务的200万会员中，有78%的人在使用平台前获得收入的能力极低，甚至无法赚取500美元的应急资金，而这一窘境也广泛存在于很多独立工作者中。反观该平台给出的数据，这种局面似乎正在转变：Steady报告显示，其会员每年通过该平台可多赚约4000美元。

随着越来越多从业者依赖零工经济，Steady公司推出的旨在帮助临时工规划管理自身财务状况的解决方案将会受到青睐。我们将在下一章进行更详细的讨论。

在工作选择方面，每个人都应该达到如下标准：当看着镜子里的自己时，能够问心无愧地说，我所做的工作是积极的、有意义的。

——瑞安·吉尔伯（Ryan Gilber），

Propel Venture Partners公司合伙人

美国风险投资数据公司CB Insights的2020年金融科技报告显示，仅在2020年6月，全球与金融科技相关的交易就达到了141笔，产生的资金规模达到了34亿美元；与此同时，业内也对近乎疯狂的首次公开募股（IPO）申请进行着严格的监督。尽管在这一过程中，一些科技力量雄厚的银行类企业尤为活跃，但随着金融类科技在非银行业的传播，嵌入式金融开始在全球范围内被广泛应用。大型科

技类企业尤其关注支付类产品，将其视为改革自身金融服务模式的途径。以下两个银行的案例会让我们对金融科技的未来发展有更多的思考。

### 聚焦高盛集团

　　高盛集团的案例充分诠释了"老骥伏枥"的内涵。作为一家拥有150多年历史的机构，高盛近年来也在不断进行着自身的数字化转型。2016年，高盛推出了自动化管理平台Marcus，开始进军储蓄账户和信用卡领域。其愿景是成为未来业内领先的消费者银行，帮助数百万客户解决在消费、借贷和储蓄等方面的困难，使其对自身财务状况有更好的把控。在信用卡领域，高盛于2019年8月与苹果公司推出的Apple Card合作，进而为自身的Marcus推出移动应用；同时高盛于2018年收购个人金融科技初创企业Clarity Money，进一步提升了自身的科技能力。高盛集团2020年投资者日的报告显示，Marcus平台已经拥有了500万用户，汇聚了600亿美元的储蓄资金、70亿美元的贷款余额和银行余额。作为其金融数字化战略的一部分，高盛表示有意利用类似Marcus的技术来打造一个外部的云平台，该平台将主要服务其他数字银行和金融科技企业，进而使其核心科技平台得以外化——这一模式与亚马逊和亚马逊网络服务（AWS）的组合模式十分类似。

　　在高盛数字化转型的道路上，另一个值得注意的重要事件是对美国联合资本（United Capital）的收购。作为一家财富管理的金融科技初创公司，联合资本在被收购后摇身一变，成为高盛的个人金融管理部门（Goldman Sachs Personal Financial Management）。除联合资本外，高盛集团也在2003年收购了金融咨询公司Ayco，进而形成了由Ayco与联合资本联合推出的综合财富管理机制，这有望扩大其自身的高净值与富裕客户群体。在这一过程中，该公司还表示，理财与活期储蓄功能也将被添加到Marcus平台上。

关于Apple Card的问世，其营销活动标语给人留下了深刻印象，"由苹果打造，而非银行"（Created by Apple—not a bank）。这是否会成为金融业未来的发展趋势呢？银行究竟是否会参与其中呢？

在另一个"新大陆"上，另一家拥有160多年历史的金融机构同样将未来押注于数字化转型和打造金融科技生态圈两个方面。

## 聚焦毕尔巴鄂比斯开银行

作为一家拥有160多年历史的银行，毕尔巴鄂比斯开银行（总部位于西班牙）是墨西哥最大的金融机构；在西班牙市场，该银行长期处于领军者的位置，同时在全球30多个国家和地区中开展业务。毕尔巴鄂比斯开银行2020年第二季度企业报告显示，在充分了解市场对移动解决方案的需求后，该行投入

重金进行数字化转型，目前数字客户渗透率达到60%。在福雷斯特全球移动银行应用评论（Forrester's Global Mobile Banking app Reviews）的排名中，毕尔巴鄂比斯开银行摘得头筹；同时在净推荐值（Net Promoter Score）方面，相关数字也显示出该行在客户满意度方面继续保持稳定增长。

毕尔巴鄂比斯开银行也是众多银行中少数几个较早在金融科技生态圈寻找合作伙伴，进而为自身打造多元化数字业务组合的银行之一，该行今年来的相关举措如下。

- 通过让致力于打造创业舞台的Anthemis公司与该行旗下的Propel Venture Partners建立合作伙伴关系，毕尔巴鄂比斯开银行得以为初创企业提供除流动资金之外的资金支持和指导。在这一合作关系下出现的首批公司之一便是致力于提升收入的英国金融科技公司Wollit，该公司旨在为没有稳定收入和财务安全的零工经济从业者提供订阅式的现金流产品服务。

- 正如前文提到的，毕尔巴鄂比斯开银行将风投公司Propel Venture Partners从其内部机构中分离出来，此举的主要目的也是在科技与金融交汇的过程中挖掘更多机遇。

- 除了对风投公司Propel的投资，毕尔巴鄂比斯开银行也对一系列金融科技类初创企业进行了收购或直接投资，包括英国第一家数字银行Atom；线上家庭保险服务供应商Hippo；在线借贷平台Prosper；财富管理咨询企业Personal Capital；美国新生代银行Simple；供应链金融公司Taulia。

- 通过开放式平台，毕尔巴鄂比斯开银行为诸如Digit和Wise等金融科技企业提供多样的银行服务，此外还提供一些含有身份验证（KYC）、支付、账户组织、发卡和通知等功能的应用程序编程接口（API）。

- 随着越来越多的用户习惯于在线交易，提供数字化银行服务已经从可选项变为了必选项。为保持竞争力，金融机构必须寻求方法来提高用户的价值体验。其中一种途径是银行与合作伙伴建立一个生态系统，各自提供自己所擅长的服务。实现数字化的道路并不是一帆风顺的，但毕尔巴鄂比斯开银行的成功模式，为其他企业提供了借鉴的蓝图。

## 克服新困难，开辟新道路

对于当前的业内优势企业来说，不断更新自身的能力和注意力来更好地应对各类新的商业模式是非常重要的，例如通过大规模投资和收购战略来保持竞争力，为自身的发展构筑"护城河"，进而提高效率，形成可快速部署的生态系统。正如前文中对毕尔巴鄂比斯开银行和高盛集团的介绍，传统企业保持自身竞争力的新方式往往是投资入股、兼并和模仿竞争对手。而这类方法最终是否会导致如本书中提到的新的问题呢？还是会如本书所愿，产生出更多更具

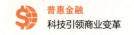
价值的替代类产品呢？

对于已经存在的业内各家企业来说，想要保持其现有的竞争力无可厚非。但需要注意的是，在全员创新、客户价值，以及普惠机遇出现的今天，通过相对激进的举措来维持自身地位的方式成本极高。在面对行业竞争时，深挖沟渠的自保方式是否是正确答案呢？采取像刺猬那样蜷缩一团露出尖刺的行为是否是正确的方向呢？

在新形势下，也许我们需要打造新的行业"橄榄枝"，寻找到"水涨船高"的新模式。其中，建立一个更加开放、更具延展性的生态环境也许是造福更多社区的最有效途径。对这一模式的解读，也许从物流方面来看最为合适。提供各类服务和产品的大型跨国企业，往往都建有规模较大的供应链和物流生态，进而将其所需的原材料与最终产品生产商、运输公司以及零售商联结到一起。汽车制造商宝马和丰田、电子产品制造商日立和三星、大型购物平台亚马逊、医药公司卡迪那健康集团、食品饮料及农产品供应商嘉吉公司、可口可乐公司、康尼格拉公司和雀巢公司都是如此。这些跨国企业通过由实物、合作伙伴和科技构成的复杂网络联系在一起，确保他们能够持续向消费者提供高质量的终端产品。

同时，当你把注意力从跨国企业转移到单个企业的供应链模型时，你会发现一个复杂的、互相依赖交错的网络通过技术将各个公司联系起来。同时你也会看到不同公司所持有的共同价值观。很多时候，对于企业来说，最重要的事情不是努力使自身在竞争中获胜，而是确保集体中的每一个个体都能有所收获。反观世界上最好的、可持续水平最高的生态系统，往往都具备这一特点。他们不断追寻透明度，不断在原料市场、员工生活需求和企业收益方面寻求平衡，同时不断了解并迎合客户不断变化的期望。总之，只有在供应链方面不断关注共同价值、不断扩大共同收益的企业才能走到最后；那些只知道构建行业"护城河"，寻求自保的企业将步履维艰。

在这方面，苹果公司起到了很好的表率作用。从原材料承包商到芯片，从半导体和其他手机零件的供应商到深圳工厂车间的环境，苹果的供应链很复杂，但苹果依然在这一方面成了行业的领头羊。当然，没有一家企业可以做到面面俱到——看看服装制造商Gap或汽车生产商大众就知道了。真正的企业赢家是指那些致力于将自身商业模式视为改善社区环境机遇的企业。当前这个互联的世界正是如此，各个企业以及商业领袖们都应抓住机遇，构建惠及更多社区的生态网络。

公司无论大小，都应打造自身的生态环境。打造一个可持续的生态将有力推动相关各行各业的可持续发展——也决定了你所在公司供应链对客户的意义。从康尼格拉公司到可口可乐公司、从苹果公司到亚马逊公司，寻找企业自身的优势与持续改善物流之间存在极大的相关性。反观金融服务领域，开放式银行服务也应在这一方面给予足够的关注。

## 开放式银行与数据争夺战

在这个算法的时代，我们该如何利用数据来更好地与用户进行接洽并为他们提供切实价值呢？如何能够在合适的时间、合适的地点出现在用户身边呢？除了便捷这一标签外，金融机构该如何做到与众不同呢？解决这类问题的关键就是数据，即用户的个人数据。

直到近期，用户的金融数据依然由金融机构进行集中保管。但随着一系列开放式银行倡议的实施，这一切已经开始发生改变。开放式银行这一方案在过去的10年间不断完善发展，近年来已经在全球多地推出。对于传统银行业来说，这是否意味着一记有力的"将军"？开放式银行是否会像特洛伊木马一样从内部冲破银行业构筑的"城墙"？在欧洲，旨在推动与第三方技术公司分享客户金融数据的政策已经出台，配合开放式的应用程序编程接口，极大地推动了一批扮演"挑战者"角色的银行涌现出来。政府也推出了更多政策来使银行业务牌照申请的全流程更加便利，从而使新注册的银行有资质进行储蓄与贷款业务。由开放式银行驱动的商业模式将从根本上改变我们今天所熟知的银行商业模式。它的出现意味着任何获得经营许可的机构都可以成为全球金融系统中值得信赖的一方，而这将改变一切。

但开放式银行最终能否不负众望呢？尽管这些新的金融科技实体赚足眼球，但要说他们真的能够颠覆商业银行恐怕为时尚早。此外，尽管数十亿的风投基金涌入其中，很多企业并没有像银行那样制定出清晰的、可盈利的、可持续的商业模式。我们静观其变即可，因为时间终会证明一切。

同时，在美国，现有银行的地位几乎依然是无法撼动的。对于那些大的金融机构来说，他们的行业集中度甚至不降反增。与欧洲各国相比，其国内的相关政策改革也似乎遥遥无期。但是，银行业发展局势正在逐渐清晰，开放式银行商业模式以及应用程序编程接口将会成为银行业未来发展的驱动力。从近期的一系列并购案例中可以看出这一趋势：Mastercard（万事达卡）收购金融科技初创公司Finicity，Visa收购金融科技初创公司Plaid，P2P贷款平台Lending Club收购网络银行Radius Bank，以及Intuit（财捷集团）收购金融技术平台Credit Karma。这些并购案的共同主题都是获取数据，其重要性可以媲美石油对于工业革命的意义。

未来的成功将属于那些能够最大程度与用户建立信任的公司，属于那些能够最大程度获取相关数据，并能够充分开发数据价值的公司。而我们目前仍处于这场数据化革命的初级阶段。在远东地区，这一趋势尤为明显，随着该区域各类超级应用程序的兴起，用户生活的方方面面所需的服务正逐渐由单一实体企业来提供。

## 超级应用的诞生

根据美国风险投资数据公司CB Insights的调查，截至2020年6月，全球共66家由风险投资公司支持的金融科技独角兽公司（特指那些估值超过10亿美元的公司），总资产达到2480亿美元。其中，37家分布在美国，亚洲和欧洲分别有12家，南美洲有3家，另外2家分布在澳大利亚。近年来，中国诞生了许多发展迅猛的科技巨头，从交流到支付，这些公司的出现冲击着我们的生活、工作和娱乐方式，也让我们对数字化时代有了更多的期待。

类似的情况也在印度出现，该国数字化支付同样呈现快速上升趋势——其中部分原因要归功于该国政府在2016年实施的废止使用大额流通纸币的政策。如前几章所述，69%的成年人口已经拥有了个人银行账户。同时，从多样化贷款到数字身份的规范化，再到其他推动银行业务现代化的措施更大规模的举措也在不断部署中。同时印度政府推出了统一支付界面（UPI），目前已被谷歌、Paytm和WhatsApp等大型科技公司广泛采用。Aadhaar身份验证平台是"数字化印度"的重要支柱之一，其推出的Aadhaar工程是全球最大的基于生物特征的身份识别系统。通过一系列的举措，印度政府和监管机构为其国内的金融科技创新创造了良好的环境，并将继续推进这一趋势的发展。

在东南亚地区，Grab 和 Gojek 已经从单一的叫车服务公司转变为区域内两家大型的超级应用生态系统，为数百万用户提供物流、支付、娱乐等多项服务，其客户群体包括司机、商人和消费者。同时这两大平台也为之前无法获得银行服务的小微企业提供相应的金融服务，帮助小型公司制订发展壮大的方案。

当前在Grab平台上的小微企业家数量已经超过900万人，在一个"只有27%的成年人口拥有银行账户，只有33%的企业可获得合理金融服务"的区域，推进金融包容性有很大的潜在空间。尽管在推动经济向无现金化发展的过程中，此类平台将注定发挥巨大作用，但在这一过程中，数字化可能带来的风险也应该引起重视。

在实现数字化的过程中，人类社会是否正在朝着互相排斥的方向发展呢？一组关于英国的数据也许可以反映出一些问题。根据英国普惠金融委员会（FIC）的统计数据，在英联邦国家中，目前仍有近200万人无法获得银行账户。同时由于英联邦国家的贫困问题，约800万人仍无法适应当前的无现金社会。

取消纸币的举措是否会使我们无意中将那些没有银行账户，无法获得信用卡和贷款的人群进一步边缘化呢？要知道，这类人群中很多都是低收入者、流动人口、无家可归者以及无法获得互联网服务的偏远地区用户。对于他们来说，应该有权选择自己想要的支付方式——无论是数字化或是其他形式。

## 聚焦网贷平台ZestMoney

ZestMoney是一家印度金融科技公司，该公司通过基于人工智能的决策引擎，实现对消费者数字化交易的记录追踪，从而获得消费者的信用情况。该方案根据消费者的支付能力，为其提供动态信用额度。其面向的主要群体是家庭而不是个人，通过相关手段反映出社会活跃度和印度市场的情况。

尽管目前印度的大多数金融产品仍将具有稳定收入和完备信用的人群作为主要客户群体，但对于那些无法享受正式金融服务的人群来说，其市场潜力仍旧非常巨大。为此，金融机构应为此类用户提供可负担的方案，实现"先买后付"的消费，同时帮助其建立长期信用体系。此外，ZestMoney还通过平台对此类客户进行关于个人信用的教育，从而使他们能够与其维持长期稳定的金融关系，避免出现由于对交易规则不熟悉而导致客户受到惩罚的现象。

凭借自身的创新科技和在可负担的普惠性数字金融方面的贡献，ZestMoney于2020年被世界经济论坛评为当年科技先锋。正如ZestMoney首席执行官兼联合创始人莉齐·查普曼（Lizzie Chapman）在与我们的交谈中表示，该公司的最终目的是为普通大众打造金融包容性，特别是针对当前处于正式信用系统之外，在信用方面缺乏相关资质的民众。在印度这样的市场，金融科技企业能够通过塑造消费者行为、改善其财务状况的方式，减少因地点、语言和收入所导致的社会不公。

针对之前金融服务系统无法触及的人群，当前为其提供相关金融服务的必要性正在增加。随着我们的生活不断向数字化迈进，公司可以通过大量数据来开发出富有创造力和包容性的新商业模式。借此，ZestMoney得以迸发出显著的、前所未见的影响力；同时通过可负担、透明化的电子货币方案，还将帮助数百万人实现梦想。也正是这样的力量推动着ZestMoney不断向前。

对于所有企业家来说，我们也需要持有这样的道德观和责任感，时刻将客户的最大利益放在心间。只有这样我们才能进一步改善所服务的社区民众的生活水平。

能力越大，责任越大；借贷很容易，但想要实现负责任的借贷并不简单。

——莉齐·查普曼，ZestMoney首席执行官兼联合创始人

## 人类与算法的对决

当越来越多的决策通过算法来完成时，我们如何确保其始终输出的结果更具包容性和公平性呢？我们又该如何确保科技得以更好地维护国民权益呢，特别是对于社会的弱势群体来说？

当前算法在我们体验新事物、社交联络以及购物方面发挥着决定性的作用，这让我们不禁思考，其中有多少决策是我们自己所做的呢？如果没有算法、数据和代码，人类的未来又该何去何从？

对这些问题的回答正在变得日益迫切。坦率来讲，关于伦理学和偏见的问题早在人工智能和算法的黎明到来前就早已存在。伦理学既是一个个人问题，也是一个特定情景下的问题。同时，很多无意识的偏见也深深根植于我们成长的环境。然而，通过算法选择音乐或网络购物偏好并不会带来太大的负面影响，但由算法所导致的贷款被拒和投资误导会产生非常严重的后果。

试想一下：个人信用不再仅仅取决于我们过往的信用记录，还取决于我们社交圈中的朋友的信用状况；个人价值的评估不再依靠人力而完全依赖透明度极低的算法来进行；保险办理的资格由基于个人DNA和数字履历的机器学习系统所决定。这一过程中此类算法又将基于什么样的价值观呢？相关的计算过程又是否会带有内置的伦理考量呢？同时在这一过程中，我们又该如何保证透明和公正，如何确保我们的工作是在透明的空间下进行而不是暗箱操作的？

在银行业不断变革自身和社会的同时，我们也要时刻注重个人基本权利的保护。在我们寻求新方法来进一步扩大金融服务范围、优化金融服务时，也要时刻提防一些潜在的、非主观性的结果，同时也要确保留拥有必要的应对措施来确保数据的科学性和结果的公正性。尽管我们在过去也许有着较多的偏见，但我们仍然有机会来打造一个具有包容性的未来——一个让每个公民都活得更有尊严的未来。

在商业活动中，如果一味地关注可持续性、责任感和信誉等方面而不思考企业真正的目的，企业的盈利能力便会受到削弱。

——乔伊塔·达斯（Joyeeta Das）

GYANA联合创始人兼CEO

## 嵌入式金融

随着科技在减少分歧方面发挥越来越重要的作用，银行业务也将越来越深入我们的日常生活。关于银行及其功能的界定也将在未来几年中继续演变。据估计，仅在未来5年内，人与机器的交互活动将产生最少175ZB的数据。面对如此规模庞大的数据和无与伦比的电脑计算能力，我们未来的财务状况又会发生什么样的变化呢？机器是否能够基于行为和历史数据成功预测我们的需求和需求出现的时间？虚拟助手又能从我们的对话中捕捉到什么样的信息呢？科技是否可以帮助我们做出更好的决策，进而提高未来的财务安全状况？处于社会底层的10%的人口能否与1%的上层人群获得同样的金融服务？很明显，我们每一个人都是构成全球经济的重要一份子，而当前银行的商业模式（与原来相比）也更加能够应对未来的发展趋势。

今天，越来越多的案例表明部分传统银行业务已经开始消失。在全球性的金融服务领域、金融科技类风投企业和大型科技平台中，银行业服务开始以一种"嵌入"的方式发挥作用。所谓"嵌入"即为被其他功能或特点所包围。我们可以试想，在未来世界中，传统银行业的各个方面都几乎将以一种隐形的方式附着在其他行业的产品和服务体验之中。而到那时，我们也可以说一句：欢迎来到嵌入式金融时代。作为一个曾经以有形或无形的形式广泛存在于我们的经济生活中且借此获得巨额利润的行业，银行业的这一新发展趋势的确振奋人心。近十年来，从信用支付到财富管理，金融服务解绑趋势不断加深。在未来，开放式与嵌入式的银行服务将在全球客户群体范围内摆脱传统银行体制的束缚，而这也是我们乐于看到的发展趋势。

超级应用模式的兴起和更深层次的嵌入式银行业是否会进一步提高民众获取金融服务的水平，并推动金融包容性的发展呢？随着金融服务的分化与日俱增，我们必须从过去寻找线索，从而理清我们的未来发展方向，挖掘潜在机遇，进而打造可以服务更多人的金融服务。你是否还记得从前的银行业是什么样子呢？就在几年前，我们日常办理的各项金融相关业务几乎都是在同一地点进行的。日常银行业务办理、储蓄、贷款和大多数投资都与实体银行绑在一起，为我们提供相关服务的也往往是单个工作人员或某个小型团队，就像我们的个人理财顾问。银行业务曾经是要在特定地点和特定时间开展的。而最先也是在客户支付领域，银行业开始朝着现有的银行业态方向转变。

从客户支付领域开始，银行业的数字化足迹逐渐扩展到信用卡、自动柜员机、分期贷款和多样化的储蓄服务、转账和提取货币的电子服务。在这一趋势下，银行变得更具灵活性，对实物货币和纸币的依赖度也在不断降低。将目光再投向几十年前，彼时，语音银行、网上银行和手机银行的概念刚刚出现——2007年真正的"智能"手机的推出大大加速了上述服务模式的广泛使用。随着便捷性的提高以及APIs、AI/ML和云计算等技术的出现，传统的银行业开始被颠覆。曾经关于银行模式的科幻式猜想也逐渐褪去了其神秘的外衣。

## 支付方式的未来在此

当前传统银行服务正在朝着功能化方向发展，银行家们也可以将传统的银行活动（无论是在登录、身份认证方面还是在支付、贷款、投资方面的各类相关服务）转变为相关应用上的工作流程，银行业本身也将在这一过程中实现虚拟化。新型商业模式已经出现，用户和小型公司可以将日常需求和商业功能在一个应用软件上同时呈现，当前在中国和东南亚的一些大型科技公司推出的超级应用软件中已经体现了这一趋势。这能否成为全球化的新商业模式呢？

当前出现的这一改变使企业得以将关注点从单一地进行交易到建立更加长久的关系。在接下来的10年里，消费者对功能便利性和顺畅体验的要求将会持续增加。在这一背景下，保证服务提供商在正确的时间出现在正确的地点的重要性——在正确的地点和恰当的时间，以合理的方式为消费者和零售商提供支持服务的能力——不容小觑。

当前存在的另一现象是消费者与企业之间建立的共生关系无法在连通性和一致性方面保持统一。对于各类超级应用软件的消费者和用户来说，其主要关注的是通过单一平台实现自身全部的经济与非经济类需求，而企业所关注的是获得更多的忠诚客户从而保证企业的发展。此时，只有人们的个人目标与为其提供服务的企业保持

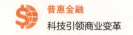

一致时，个人的经济生活才能获得改善。此类灵活性和一致性的构建起步于交易方面的联系，当前风靡亚洲的各类相关超级应用充分体现了这一趋势。

## 环绕式银行业的曙光

今天在东半球出现的各类超级应用平台中，我们可以看到环绕式银行业的曙光已经出现。此类平台均打造了永久性学习机器，进而为多方提供实时服务，同时采取自学的方式来不断提升任务完成效果。在这一过程中，传统金融服务业将逐渐消失，我们现在看到的也仅仅是这一漫漫长路的第一步。

CB Insights曾在其发布的全球金融科技企业250强名单中列举了入选的一些指标，试想如果所有这些指标都汇聚到一个由中央引擎驱动的平台，会产生什么样的后果？当各类企业的目标都嵌入某个单一实体中，企业需求也不再由各类股东和投资企业支配时，其结局又会如何？当此类企业的观念和眼界被高度统一后，其结果更是让人捉摸不透。

未来究竟会怎样呢？嵌入式金融模式又将如何发展呢？从美国（如亚马逊、苹果、脸书）到印度（如WhatsApp、Paytm、PhonePe），再到拉丁美洲（如 Movile、Nubank、Rappi），谁将成为新趋势下的领军者呢？而这也是嵌入式金融未来发展的焦点。而当各类功能都被集中到某一超级应用中时，即应用可以针对十多亿人的日常活动进行理解并学习时，更加长远的目标便会逐渐融入企业的日常活动中。

通过对日常开销的分析，企业能够在用户储蓄和投资方面做出优化，进而实现长期的财富积累。当获得及时信贷资金注入的权限后，超级应用能够帮助企业在面对客户的多样需求时做出快速反应，进而创造出新的机遇。随着实时用户行为和为其服务的中小企业建立起联系，超级应用将打造一个造福所有人的"飞轮式"商业模式。

随着银行业务场景化的进一步发展，银行单纯的逐利行为也会发生改变。当超级应用将买家和卖家、将消费者和企业联系在一起，每个个体的目标也被联系起来，进而形成一个永动机，而其运行的方向便是打造包容性的商业活动，改善民众生活条件。这也解释了将金融服务从传统的银行实体中移出的必要性。同时这也是实现全球金融包容性的正确道路，是冲破边界和现有范式，推动行业向前发展的必由之路。

随着银行商业模式功能和效用的不断发展，我们该如何确保利用新式数据来实现更高程度的包容性呢？尽管对于科技企业来说，银行业务也只是其现有商业范畴的衍生——将银行服务作为当前数据货币化战略的组成部分，银行业务仍然有自身的独特性。银行业务对信用的需求远高于其他业务。金钱以委托式的储蓄、投资、日常账单支付以及其他与信用相关的活动为主要使用形式，对于大众来说有着更深层次的意义，其反映出的是人们解决自身最基本需求的能力。

对于大多数消费者来说，个人数据被科技公司利用的情况并未引起足够的关注；对于他们来说，获得某种服务，取得之前未有过的便利才是关注的要点。但对于金钱及与金钱相关的数据来说，其自身又具有一些不同性。资金流通贯穿人的一生，构成其生活方式的一部分，也是个人价值观在一定程度的外化表现。对于相关科技企业来说，在将资金流动作为自身盈利和发展方式时，必须保持警惕，对可能出现的更广泛的影响做充分的准备。

想要实现金融的嵌入式发展，需要采取全面的方法将货币功能与个人生活中的价值系统联系起来。而这一过程也绝不仅仅只是个人应用程序工作流的建立。这也充分体现出开放式银行及数据共享与更加全面的嵌入式金融的差异——后者是通过类似银行服务的内嵌方式打造人们想要的生活；其发展承载着我们的希望和雄心壮志，同时在这一过程中，用户个人的长期目标取代了银行家的短期目标，成为金融业服务的关注点。

在金融服务商业模式转变的过程中，嵌入式银行服务愿景也开始发生改变，即由关注银行家的盈利转移到关注消费者和小业主的长期财务状况。同时，对于任何一家企业来说，都应以造福社区、改善社会以及服务全体民众为目标。

金融科技和其他科技相同，可以放大我们的意愿。金融科技的目标将个人意愿中美好的部分充分放大，帮助每个人建立更健康的财务状态。

——亚历克斯·约翰逊（Alex Johnson），

FICO投资组合营销总监

## 由同理心驱动的商业模式

随着社会向更高层次的包容性发展，对于新商业模式和新式的由同理心驱动的商业活动需求也逐渐增加。这使各公司将自身资源和影响用来解决社会问题，并积极回馈它们所服务的社区。对于各类企业来说，采用与以往不同的商业活动会产生较多益处。通过正确的商业行为，企业可以实现自身的发展。

此处仅列举一些通过上述方式实现普惠金融的商业模式案例。由同理心驱动的商业模式出现于金融服务之外，旨在通过科技来解决社区关于健康和幸福的需求与关切。例如，Impossible and Beyond（人造肉生产商）、Purple Carrot（以蔬菜为主的送餐平台）以及Bulletproof（雨林联盟认证的咖啡及健康饮料生产商）等企业针对消费者对于可持续食物的需求推出了各自的解决措施。此外，一些初创企业从肠道健康入手采取措施。例如，益生菌果蔬汁生产商Goodbelly、肠道菌落检测公司Thryve，以及美容营养补剂公司Hum就是如此。而像Habit、Viome、Nutrino和DayTwo等企业则主打个性化医疗服务。Strava、ClassPass、Fly和其他一些企业则是通过创新方式努力创造让社区居民的身体变得更健康的范例。采用类似举措的企业还有WellTok、Bravely以及Wellbeats，通过全面的健康举措为企业员工服务。

尽管上述提到的大多数企业都将注意力放在身体健康和幸福层面。通过科技和数据驱动的反馈来解决社区需求的企业也不在少

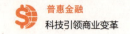

数。如果说我们能够找出由同理心驱动的商业模式在身心两方面服务社区的案例，那么也一定存在关注改善财务健康的初创企业。以下就针对此类企业进行列举说明。

### Chime

作为一家特立独行的初创企业，Chime是一家纯线上的银行，秉持透明化的原则——不收取隐性费用。与大多数传统银行不同，Chime并不收取月度费用也没有每月最低账户余额要求。它同时还提供汇总服务，使消费者可以汇总其在Chime借记卡上的每一笔消费记录并将差额存入储蓄账户。作为美国最大的25家初创企业之一，Chime具备数量可观的客户群体，它的成功告诉我们企业可以通过善举来获得发展。

### Pula

另一个颠覆性商业模式的代表是Pula公司，作为一家保险科技行业内的初创企业，其主要业务是为非洲的小规模农户提供小额保险。该公司利用卫星数据来追踪降水；在旱季，还为农户发放替代性的种子。由于将保险和农业投入（如种子化肥等）进行了绑定，此类农业险可以为有需要的农户提供帮助，进而维持其收入的稳定性。当前随着气候变化的频率增加，农户的生活状况也受到更多的影响，在这一背景下，像Pula这样的公司的出现显得非常必要。

### Hello Tractor

在过去的10年，随着消费经济的发展，娱乐、交通和物流行业都发生了颠覆性的转变。因此，对于农业设备方面的变革来说，其出现也只是一个时间问题。通过与约翰·迪尔公司（John Deere）建立合作关系，Hello Tractor公司得以创建。根据相关合作项目，约翰·迪尔公司将其产品销售给承包商，后者再将它们租赁给使用Hello Tractor平台的小型农户。对于农户来说，相较于手动播种，采用拖拉机播种能够有效提高种植面积；对于发展中国家来说，这有助于提高粮食供应，推动粮食安全的可持续性。

纳尔逊·曼德拉（Nelson Mandela）曾经说："教育是改变世界最有力的武器。"当前，我们还要补充一条，同理心给予我们提供道德上的指引，让我们在考虑自身利益时也要顾及他人。在习惯了享受特权之后，平等有时反而让部分人感觉受到歧视。通过提升弱势群体的生活水平，我们作为一个集体的幸福感会显著上升。只有这样，我们才能打造一个更加美好的未来。而这也是引领我们实现普惠金融的重要原则。

第五章

# 服务边缘人群

只有为他人创造福祉的生命才是有意义的。

——阿尔伯特·爱因斯坦（Albert Einstein）

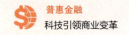

## 服务个体还是服务全体

没有什么比一场危机更能反映出社会的不公平现象了。一次次的事件表明，那些在危机爆发前最需要帮助的群体往往也是在危机当中受影响最大的人群。在过去的10年中，我们已经多次见证了工作方式的变革之路，而这一趋势主要得益于智能设备的出现和广泛应用。在这一形势下，各类服务的买卖双方被有效地联系起来。越来越多的企业开始采取零工经济模式，即把任务派发给一些从事临时工作的人群。不少人已经感受到零工经济类企业的灵活性，因为在这一模式下，员工可以自由选择何时何地以及采用何种方式进行工作。同时，对于需要照料家人的群体来说，这也使其在空闲时间能够赚取一些收入用于生活开支。对于高龄人群来说，其从全职工作退休后可以借此继续从事相关的兼职工作。对于很多人来说，零工经济成为其非常需要的第二收入来源。但我们也要思考其中的成本。例如，在Uber Eats、GoJek 以及Deliveroo等送餐服务企业中，究竟哪一方获利最多呢？是作为颠覆科技载体的中间人？还是低收入的普通打工群体？

很多时候，我们所享受的便捷正是以这些零工经济工作者在经济方面所做出的巨大牺牲为代价的，因为很多诸如此类的公司并未向员工提供健康保险、疾病险以及退休福利等保障。而在一些更为极端的情况下，即零工经济的收入成为这类人群的主要收入来源时，一旦收入中断，零工经济工作者就只能凭借一己之力渡过难关，而无法获得任何安全保障，在过往的经济危机中类似情况已经屡见不鲜。"我是否应该支付房租？我是否需要支付自己的保险？"，这些平日里存在于假设中的问题也都在这一刻变得让此类工作者感到难以应对。尽管在美国，健康保险已经与各类工作绑定，也不再成为困扰零工经济工作者的主要问题，但其他健康方面的问题依然广泛存在，如食品安全问题。总之，当财务状况恶化时，身体健康也往往会受到影响。也正因如此，面对临时性工作日益普遍的情况，我们需要采取不同的举措。

那么，采取何种措施才能更好地保障零工经济工作者的利益呢？同时对于那些存在其他形式收入的人群又该采取什么样的应对办法呢？在初创企业工作的人往往除一般的工资报酬外还持有企业的股权，还有一些人则是企业的独家法人，吃独食显然不是令人信服的处理方式。为了找到更好的方案，我们需要再次探讨零工经济工作者面临的主要挑战以及困扰他们的主要问题。

### 收入波动

受制于特殊的工作性质，零工经济工作者的收入往往存在较大的不稳定性。而与之相反，日常生活中的大部分活动往往以较为稳定的形式呈现：从房租到抵押贷款、从每周的食物需求到水电费再到育儿

费用。在这一背景下，能够更多地发掘收入渠道实现收入的稳定便成为重中之重——可以通过在经济上升时增加储蓄来弥补经济下行时收入的减少。出于这一需求，像Acorns、Steady和Stoovo等初创公司正致力于为零工经济者优化收入结构。

### 借贷

由于没有稳定的收入和劳动合同，很多初创公司创始人和零工经济工作者正面临从金融机构融资困难的问题。当面临收入下降的情况时，此类群体往往只能求助于高利贷机构来获得现金流水。正因如此，像Grab和GoJek等东南亚的超级应用开始为其客户提供贷款。因为如果没有贷款渠道，这些小企业主将无法获得正式的金融服务。对于个体企业家或个体从业人员来说，也需要通过相关的备选方案来对自己可能面临的借贷危机和偿还贷款的能力进行评估。

### 发票和税务支持

与普通全职员工不同，对于零工经济工作者来说，税收缴纳并不是定期从其收入中进行扣除的。因此，对于很多此类人员，特别是那些之前适应了企业工作中收入稳定的职员来说，报税季节的临近总是会引起他们的惊愕。对此类人群来说，如果具有开具发票、记账、报税等能力，他们就能节约很多时间；对于其他收入不稳定的群体来说，这也同样好处颇多。

### 按需小额保险

传统意义的保险通常是以年为单位进行购买。然而，对于零工经济工作者，如短期司机以及代人遛狗者，他们所需要的保险是短期的——如以小时为单位进行购买。为此，对于此类临时工作从业者来说，采用更加灵活的商业模式保险显得尤为重要。

### 储蓄

除了满足日常的财务需求外，零工经济工作者也需要进行储蓄以应对未来的变化。对于零工经济从业者来说，尽管很多人之所以从事这类工作是为了在退休后赚取额外的收入，但也有很大一部分从业者属于全职零工经济工作者。根据智能固投平台Betterment的报告，在零工经济从业者当中，有十分之三的人群除了零工收入外没有定期为其退休后的生活存钱。由于缺乏相关的退休计划，此类群体需要通过相应的服务来使收入回归正轨。借助Steady和Stoovo等解决方案（之后的章节中将详述其内容），零工经济从业者的经济需求开始逐步得到优化。随着当今工作的性质正在发生的改变，这些举措也将成为新式银行业务的一部分。

尽管当前临时工作大量涌现，对于零工经济工作者以及小企业来说，当前金融机构仍无法充分满足其需求，这一现象在西方各国尤其凸显。然而，随着数据获取的便捷和分析方法的进步，我们将能够解决此类问题并为此类人群提供强有力的支持。

## 将视线投向东方

试想一下，如果我们可以冲破自己的行事作风，打造一个更加广泛的经济生态圈，使其不仅仅可以满足我们自身的基本需求、摆脱自身的偏见，同时也可以缩小世界各地理想状态与现实之间的发

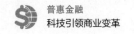
展差异，那我们的世界会变得怎样呢？在这一点上，中国的科技企业无疑是最好的例证。在中国，科技正在对金融服务生态系统中的底层构架进行重塑。

对于各类经济体来说，中小型企业是国民经济和社会发展的生力军，中国也不例外。根据中国国家市场监管局的统计，截至2020年2月，在中国注册的个体工商户共超过8353万家，总共的雇用人数超过2亿。在过去的几年间，中小企业贡献了中国GDP的60%，以及城市就业人口的80%。在取得这些成绩的背后，数字金融在此类企业的广泛运用功不可没。

同样的故事也正在东南亚上演着。仅仅在10年前，五分之四的东南亚人处于互联网连接缺乏或受限的状态。而今天，东南亚地区是移动网络用户最活跃的区域，网民数量达到3.6亿人口。同时根据贝恩公司发布的e-Conomy SEA报告显示，该区域超过九成人口主要使用移动端设备进行上网。根据预测，该地区的数字支付额度将有望在2025年超过1万亿美元，占该地区总支付完成额的50%。

在东南亚近4亿成年人中，只有1.04亿人口拥有银行账户并可以享受完善的金融服务；9800万人口银行存款不足，他们虽有银行账户，但没有足够的机会获得信贷、投资和保险。同时有1.98亿人仍然没有银行账户。在东南亚同样也有数百万的中小企业面临融资难的问题。

Gojek和Grab是该地区的两大主要支付和生活服务平台。前者是印度尼西亚的第一家独角兽公司，也是该地区最大的电子钱包供应商。2015年Gojek推出叫车服务，满足了大众对多样化服务的需求，同时该公司还针对小微企业搭建了无现金的电子支付平台。与之类似，另一家东南亚独角兽企业Grab则早在2012年就推出了叫车服务。自此以后，该公司逐渐扩张，成为一个集交通、送餐、移动支付及保险服务于一身的平台。据报道，近170万人通过Grab平台开通了个人的第一个银行账户。

## 打破神话

与公共认知不同，并不是所有的零工经济工作者都是青年人。对于很多老年人来说，此类临时性工作成为其第二收入来源的重要部分，使其在退休后仍然可以通过劳动来获得收入。但不幸的是，随着寿命的延长，很多老年人在生命的最后几年仍然可能面临积蓄用尽的困境。此类情况会给有限的公共资金带来压力，老年人口也将面临无法想象的财务危机。

与零工经济工作者遇到的问题类似，当前的金融服务系统还无法为老年人提供完善的服务。而随着总体寿命的延长，很多稍纵即逝的机会就隐藏在其中。

### 寿命延长，工作延长

与20世纪初相比，当前全球人口平均寿命已经增加了30年。

但随着寿命的延长，我们生活和工作的方式也发生了显著的变化。我们的生活方式日益健康，劳动效率的保持也更加长久。在这一过程中，一些人选择了在退休后继续工作（来赚取更多收入以维持长寿），也有一些人将退休后的时间视为回馈社区的机会。

根据美国退休者协会（AARP）发布的《长寿经济报告》，当前美国50岁以上人口超1.17亿人，占其总人口数量的35%。与此同时，报告也显示此类人群对经济的贡献占美国全年GDP的比例超过40%。在赡养父母、照顾儿孙辈方面，这类人群也扮演着重要作用。此外，他们也积极参与社区的志愿活动与慈善事业。他们的付出支撑着美国这个拥有近3.3亿人口的国家的社会结构。事实上，在商业的各个领域，经济实力雄厚的高龄人群都扮演着重要角色，从医疗保健到交通，从住房到休闲，再到金融服务、服装、教育和科技领域，都可以看到老年人口的活跃身影。根据美国退休者协会发布的报告，在金融服务和保险行业，50岁以上人群的经济贡献率接近三分之二。在2018年，此类人群对美国经济的贡献率更是达到近50%。

在世界范围内，消费、工资和税收方面对各类企业和员工产生了正向连锁反应，推动了收入、消费和生产水平的提高。仅仅从购买力方面就可以看出这一趋势，无论是线上还是线下，老年人为子女儿孙采购的物品就极具说服力。根据皮尤研究中心的统计，目前有6400万户美国人（美国五分之一的人口）的家庭是由多代人构成。也有越来越多的人由于寿命延长而得以与自己的曾孙辈一代一同生活。加州大学伯克利分校人口统计学系主任肯尼思·W.瓦赫特（Kenneth W.Wachter）曾表示：到2030年，在全美的8岁儿童中，约70%的孩子将有一位在世的曾祖父母。

尽管50岁以上的人群在财力和对社会的贡献方面都表现卓越，但他们的需求却往往被各行各业所忽略。导致这一情况的主要原因是社会对于此类高龄人群的陈旧观念，认为其已经没有了劳动生产力，还增大了社会负担。但又有什么比事实更具说服力呢？

## 新的篇章

在发达国家中，大多数新出生的孩子的寿命都很有可能超过100岁；因此，跨代家庭以及跨代劳动力的现象将会更加普遍。同时，随着寿命的延长，退休年龄也将不再局限于62岁或65岁，我们的生活方式、参加工作乃至重返学校学习的时间都将发生改变。同时，越来越多的人开始将创业作为自身职业生涯规划的一部分，很多人都在积累了一些工作经验和资金后选择在中年进行创业。根据《哈佛商业评论》的报道，全球成功创业者的平均年龄为45岁。此外，很多企业也开始提供针对此类人群的二度培训和技能传授课程，使其可以适应新的工作环境。

因此，依据年龄对客户群体进行细分的方法已经过时；与年龄相比，不同的人生阶段往往更为重要。对于金融机构以及其他行业

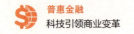

的企业来说，这为更好地服务那些被遗忘的群体提供了绝佳的机会：企业得以从不同的人生阶段出发，进一步拓展到满足各阶段人群的需求——从资产积累到资产保护再到资产的消耗。

想要实现积极的改变需要满足以下四点。第一，要学会利用人类的智慧来确保科技能够更好地为我们服务，而不是始终将关注点放在利用科技将人类从生产过程中解放出来。第二，要勇于进行实验。因为我们当前并不清楚哪些方式最为有效，所以我们需要通过勇于尝试来发掘。第三，我们要订立一个面向全社会的规章制度，使其不仅仅针对企业和政府，也对每个个人有一定的约束作用。而想要实现上述三点，我们需要寻找打造文明社会的方式，这是第四点，也是最重要的一点。

——安德鲁·斯科特（Andrew Scott），伦敦商学院经济学教授

关于寿命延长，人们最大的担忧是在晚年出现积蓄用尽的情况。在这一背景下，一些听起来也许相对琐碎的问题，往往需要我们给出确定的答案，例如，"我们应该存储多少钱？""每天的开销应该在多少才符合我们自身的承受能力？"。

在回答上述问题之前，各类金融机构（或金融咨询公司）需要首先对每个人的财务责任进行了解。随着跨代家庭变得越来越普遍，大多数家庭的财务管理问题越来越成为一个具有现实意义的问题。为了解决这一问题，我们需要采取针对整个家庭的优化措施，

同时我们要避免出现家庭健康与财富发展不平衡——因为健康与财富密切相关。获得优质的医疗保健服务、寿命的延长以及健康的生活需要经济基础的支撑；而健康的受损不仅仅影响寿命，也会影响财富积累的能力。

## 针对老年人口的财务剥削

随着越来越多的经济活动走向数字化，网络安全的维护受到前所未有的挑战。对于那些长期独居且对网络技术掌握不足的人群来说，这一问题尤为严重。而一些欺诈者也往往将目光锁定在这些独居人士的身上，因为此类人群更有可能与陌生人交谈——渐渐地，受害者们往往对这些欺诈者们产生信任并主动将一些敏感信息提供给他们（如身份证号和一些密码等），甚至是钱。一些骗子也会通过哄骗以及在网站和邮件中复制知名企业（如知名银行）标识的方式来行骗。对于消费者来说，他们可能会在无意中安装相关的恶意软件，而此类软件一旦安装，便会对电脑中的个人信息进行扫描；也有受害者误以为他们在与合法网站进行互动，因而主动提供一些个人的信息。

然而，经济欺诈并不一定是陌生人所为。家庭成员和朋友也可能成为这一负面角色的扮演者。对于老年人来说，由于其对所熟知的人往往充分信任，也容易因此受到财务剥削。美国政府机构消费者金融保护局（CFPB）曾经发布了一篇名为《老年人金融剥削可疑活动报告：问题和趋势》的报告。报告结果显示，在2013—2017年，

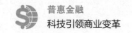
美国受财务剥削的人口中，70~79岁的成人损失最为惨重，被欺诈额度平均达到45300美元。而这只是记录在案的案例，因此报道也表示，这些案例还极有可能只是此类情况的冰山一角。此外，当欺诈者为受害人所熟知的对象时（诸如家人、信托人或护理人员），出现的财产损失的情况更为严重。也许真正让人感到不安、却也在意料中的正是那些我们所信任的人中可能就存在财务剥削者。

为进一步保护老年人的财务安全，我们需要采取更多应对措施——这需要相关的社会服务部门、执法机关、金融机构以及政策制定者进行协作。我们需要各类机构对此类事件进行积极报道并通过执法机关对可疑行为进行制约。我们也需要采取充分的干预和防范措施，包括阻止向可疑账户转账，借助相关技术来对转账对象进行侦查（特别是那些之前从未有过交易往来的账户），并提供实时的警示，同时给予可信赖的家庭成员监控的权利，从而帮助老年人避免落入各类经济诈骗的陷阱。金融机构也可以帮助老年人设置不同类型的账户（例如对看护人员的转账设置限额），同时为其设置不同的签名要求。

针对老年人的经济诈骗是一个世界性的问题，每年导致的经济损失达数十亿美元，而其后果远不止只有经济损失。许多受害者在经历此类事件后变得抑郁，影响了其整体的生活质量。对于那些失去一生的储蓄且无法追回资金的受害者来说，他们需要重新调整自身的生活方式，甚至通过药物治疗和其他必要手段来维持正常生活，这使其想要维持身体健康变得更加困难。

对于金融科技平台来说，为什么它们往往并不热衷于保障老年人的金融健康呢？也许对于他们来说，对诈骗监控的投资并不像人工智能和区块链那样充满诱惑。但是要知道，美国83%的资产由老年群体把控，因此向各个家庭提供保护其资产的工具是一个充满机遇的发展趋势。针对在金融账户、信用卡、信用数据和固定资产方面出现的可疑活动，金融科技平台应该对老年人及其家人进行提示。而一旦做到这一点，金融科技类企业的贡献将远超当前各类金融机构的能力。我曾经亲眼看见过老年人遭到经济诈骗后所导致的恶劣后果。现在我们亟须将那些不起作用的诈骗预防系统抛弃，而采用更加实用的金融科技防骗措施。

——伊丽莎白·洛伊（Elizabeth Loewy），
Eversafe公司联合创始人及首席运营官

## 属于几代人的未来

尽管我们都在变老，但是变老的方式各不相同。因此，针对老年人的产品和服务也应各具特色。在保障长期金融安全方面，除了注意保护资产，我们也需要思考采用不同的方式来制订财务计划。正如前文所述，我们生活在一个人均寿命增加、劳动能力提升的时代。在工作中，我们极有可能面临几代人同时在岗的情景。同时在生活中，我们也将面临为更多的老人和小孩提供看护服务的任务。皮尤研究中心根据美国人口普查数据的分析显示，截至2016年，美

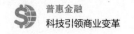
国有6400万人口，即总人口的20%与两代或两代以上的亲人生活在同一屋檐下。

　　为了充分满足消费者及其家庭的需求，金融机构需要提供新的方案，从而更好地适应当前的生活及交际方式。随着越来越多的护理人员自身也开始变老，年轻一代开始更多地加入照看老人的队伍中。美国退休人员协会的数据显示，当前志愿看护队伍中，千禧一代占比达到了四分之一，同时像49岁的看护员这类的中老年工作人员也依然广泛存在。对于此类看护人员，因为其往往还拥有自己的家庭和工作，想要在照看家人和工作之间达到平衡是比较困难的。同时，一个更显著的问题是，此类人群是否拥有对多个家庭进行财务规划的能力？

　　对于上文提到的看护人员，其服务的对象往往是遭受了一些变故而需要照料的老人（如跌倒或中风）。虽然从生物学角度来说，变老只是一个正常现象，但没有一个具体的时间表显示我们会在何时需要被看护。这与生育有所不同，在怀孕时，大多数人会得到一个时间表、一个专业的医疗团队以及各种指导类的书籍。老年看护则困难重重。没有两个人在变老的过程中会遵循同样的时间表，这使对老年人的看护计划的制订变得非常复杂。也正因如此，很多从事老年看护的人群经常面临着来自心理、生理以及经济方面的压力。

　　在这一背景下，如果我们能像鼓励父母为子女的教育进行储蓄一样，鼓励家庭成员提前为将来的看护服务进行储蓄，效果会怎么样？以美国为例，许多企业采用401K计划来帮助员工为其未来的退休生活提前储蓄，同时每个州都通过529计划（高等教育储蓄计划）来鼓励父母为子女未来的高等教育提前储蓄。正如看护人员为自己的亲人进行储蓄一样，在一个税收优惠的情况下，提前储蓄不失为一种解决老龄看护问题的良方。此外，根据美国个人征信巨头TransUnion的统计，2010—2017年，全美60岁以上的老龄人口成为承担学生助学贷款的主力军。诸如此类的现实状况也证明了提前准备健康看护费用的重要性。

除此之外，我们是否也可以改变提供金融服务的方式呢？如果我们改变当前针对个人的产品方案，而为各类家庭提供多样化的计划和管理方案呢？这一想法也再次证明了按照年龄进行产品细分的方式已经落伍，而应按照不同的生活阶段进行划分。我们需要摒弃关于老年人的刻板偏见和假设，摒弃已经过时的刻板印象。

正如米尔肯研究院老龄化未来中心主席保罗·欧文（Paul Irving）在其报告《从银到金，高龄化产业的变革》中所讲："提起长寿，当前的长寿已经不仅仅是指生命结束时间的推迟，而是指隐藏在生命里的一种内在延续。应对这一趋势的方法不是针对年龄进行市场划分，而是超越代际，从共同利益的角度进行市场划分。"

## 理财计划不再是特权

到此，一个关键的问题仍未得到解决：退休后现有的资金可以维持多久？正如前文所述，这个看起来简单的问题并不容易回答。这取决于一个人的经济条件、负债水平（不仅包括个人债务，也包

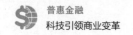
括对他人的义务，正如前文对老年看护问题的讨论），以及个人健康状况。随着我们工作时间的延长、收入渠道的拓宽（例如，从零工经济到创办个人公司），想要理清个人的税收和负债情况，计算出我们需要储备的资金以及我们可以负担得起的开销将变得愈发复杂。

当前大多数金融服务创新都集中在财富增值方面，但在资产管理方面，我们也应该引起足够的重视。面对日益复杂的财务规划和利弊权衡问题，消费者需要外界的帮助和指导。尽管对于财力相对雄厚的个体来说，他们可以仰仗付费财务咨询师进行财富管理；但人工智能和高级数据分析技术的出现，为民众提供了更具成本效益的管理方式，使更多真正需要财务管理的民众得到帮助。

在扩大财务管理的同时，金融机构还可以帮助客户更好地了解其有资格申请的政府福利。在网上有许多此类工具，但使用起来往往异常复杂。对于老年人来说，如果金融机构（如相关机构内的个人或可信赖的伙伴）能够参与其中，将会为其提供极大的便利，帮助其申请到更多急需的资金。同时，在这一过程中，老年人群与金融机构的信任关系也可以进一步加强。

对于那些乐于为老年人提供帮助的银行，其自身也会获得切实的好处。如果我们对每个人的生活和需求进行更深层次的探究，我们就可以打造一个更加包容的体系，为更广泛的人群服务。


所谓目标，即不断向前，参与其中，从内心深处为他人创造价值，为生活增添意义。如果说当前的环境无法让我们做出改变，付诸行动，那还有什么可以做到呢？

——保罗·欧文，米尔肯研究院老龄化未来中心主席

## 聚焦保罗·欧文和米尔肯研究院老龄化未来中心

随着机器编码的普及，尽管人工智能和机器学习似乎接近人类的自身能力，但是长远来看，人类智慧和人性依旧至关重要，人类灵魂是无法替代的。

这句话出自米尔肯研究院老龄化未来中心主席保罗·欧文。他曾在谈及其中心的使命时表示："（我们）通过打造健康、有力和有目标的老年生活来提高社会福祉，以此改善生活质量。"该中心为米尔肯研究院的一部分，后者是于1991年由迈克·米尔肯（Mike Milken）创建，旨在促进世界的繁荣。

同时，保罗·欧文也是Encore.org公司的董事会主席，该企业主要致力于提供跨代际解决方案，来为社会各类问题寻找答案。在倡导代际融合政策方面，保罗进行了长期不懈的努力，从上学到住房再到就业问题，其始终致力于开拓新技能，开发新方法。他总爱说："通过年龄进行划分是不符合自然规律的。"

到2024年，四分之一的美国人年龄将超过55岁。到2030年，全球范围内60岁以上人口数量将超过10岁以下儿童的数量。变老是一个我们都要经历的过程，即使如此我们也要努力使我

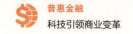

们的老年生活更加的充实且有目标。这样做不仅仅是为了我们自己，更是为了我们的子孙后代。正如保罗所强调的那样，我们需要认识到每个人都可以对社会有所贡献，对于老年人来说更是如此。然而，不同的人的老年生活往往各不相同，也无法对社会做出同等贡献，对于一些人来说，这可能是其人生中最为黑暗的一部分。一些人会在老年面临财务困顿，甚至变得无家可归。事实上，在当前美国无家可归的人口中，约三分之一人口的年龄在50岁以上。如果当前新冠肺炎疫情无法得到有效的遏制，老年人的生命变得无足轻重，届时我们的社会将面临道德的审判。

想要更好地增进老年人的福祉需要在文化上做出转变。为此，我们需要相关的教育者和交流人士；我们需要改变员工关于职业生涯的认知；我们需要打造新的退休生活常态。但总体来说，我们需要珍惜身边老年群体的价值和他们的经验。每个年龄段和生活阶段都会给我们带来一些新的体验，我们所需要的是一个实现各类可能性的机会。

正如保罗所说，当我们步入老年时，我们需要为后代创造更加美好的未来。而我们也将为自己的壮举倍感自豪。

对一个社会进行道德测试时往往要看其对弱势群体的态度，包括如何对待老人，如何对待失意的人。

——保罗·欧文，米尔肯研究院老龄化未来中心主席

# 眼皮底下的机遇

瑞士信贷研究院发布的*CS Gender 3000*报告显示，尽管我们看到女性在公司高层中所占的比例已经有所增加，但这一过程进行得非常缓慢；同时，在不同文化和不同行业内，其进展大不相同。女性所扮演的角色仍然远离执行决策岗位——而这也成为影响女性进入公司决策层的重要因素。通往性别公平的道路依旧充满坎坷。以美国为例，根据成立于硅谷的编程女孩组织发布的《同工同酬日报》显示，男性平均薪资比女性高出61个百分点。同时对于不同种族来说，这一数字也有差异：非西班牙裔白人男性每得到1美元的薪资，黑人女性相应可以得到61美分，而拉丁裔女性可以得到53美分，亚裔女性可以得到85美分。

诸如此类的不公还有很多——不同种族的收入差距、获得贷款方面的不公、房屋所有权方面的差距，以及获得大学学位的差距——而这些并不是偶然。这些问题的出现源于系统性的种族和社会方面的歧视。而这也导致了一些问题：花旗银行《消除种族不平等差距报告》显示，"如果美国黑人群体与其他人种的差距在20年前就已经消除，美国GDP由此能增加约16万亿美元"。

经济平等是一项基本人权。

——斯科特·阿斯特拉达（Scott Astrada），

乔治城大学法律系兼职教授

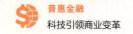

为了在经济公平方面取得成功，我们需要对所服务的社区进行多样化的细分；聆听来自不同背景人群的不同声音，为我们提供解决问题的不同思路，进而使我们提出具有开创性和周全的解决方案。大量的研究已经证明多样化可以为商业带来积极的影响，但是我们又该如何实现多样化呢？

## 职业和家庭的平衡

尽管对于女性来说，工作与照顾家庭同时进行已经日益普遍，但在处理家庭内部事务方面，女性仍然扮演着主要角色。梅琳达表示，平均来看，女性花费在家务劳动上的时间要比男性多七年。这些多出来的时间主要花费在没有报酬的家务劳动和照顾子女上，而这也大大减少了女性进行社交和学习新知识的时间，进而影响了其在自身教育和工作方面提升的机会。在养育子女方面，夫妻共担养育责任不仅仅对女性有益，也会对孩子产生好处，因为他们与父母接触的时间可以更多。

为了实现更有意义的转变，我们需要社会全体成员的帮助，因为实现性别平等不仅需要女性的努力，而是全社会都需要面临的挑战。这方面有一个很好的典范就是陪产假。在北欧各国，陪产假非常普遍，因此对于父母双方来说，通过休假的方式来照顾新生儿并不少见。以瑞典为例，在新生儿出生后，父母双方都将获得长达240天的产假和陪产假。社会不仅仅鼓励父母休假照顾子女，而且这一假期被延长到孩子8岁前都可以使用。诸如此类的系统性制度使父亲在育儿过程中扮演了更加重要的角色，也使公众关于陪产假的接受程度不断上升。此外与"产假"这一名称相比，使用"育儿假""家庭假"等词语也更加符合中性描述的要求。

另一个影响职业和家庭平衡的因素是育儿成本，这一点对父母在休假后重返工作岗位至关重要。反之，当育儿成本过高时，父母双方中的一方将不得不离开当前工作岗位，转而做全职父母，或者为了获得更具弹性的工作而选择收入相对较低的岗位。在很多情景中，母亲往往充当着这一角色；面对育儿压力时，母亲们通常选择退出当前工作岗位，当子女年龄稍大时，才会重新返回工作岗位。这不仅会影响女性当前的经济收入状况，削弱其收入能力，也会在长远方面影响女性的财务安全，使其财富的积累变得更加困难。

### 工作多样性和包容性

性别平等的问题无法通过简单的疏导加以解决。为了使更多女性留在自己的工作岗位上，而不被男性群体所孤立，我们需要建立更具包容性的文化。所谓包容性的环境是指每一种声音都可以被听到，每一位员工都能够被珍惜和尊重。同时，不论个人背景如何，企业都应鼓励员工勇于发声，表达自己的观点。在推动团队多样化方面，企业管理者们要承担起相关的责任。

尽管在工作时间外进行联络交流对于增进理解、加强团队合作非常重要，企业管理者也要充分考虑在职父母的需求，因为他们经常需要帮助其子女完成课后作业。当前，很多重要的企业决策往往是在企业外部完成的；因此，给予在职父母较为宽松的工作安排是非常重要的。企业管理人也要对工作时间外的团队交流有正确的认知。

你是否曾经注意到在金融服务广告中，哪类性别人群出现的频率更高呢？在针对企业家的媒体报道中，男性与女性领导者又有什么不同呢？在金融科技应用软件中，哪类用户又通常被视为目标客户呢？而那些参与市场竞争的初创企业领导者们又具有什么共同特征呢？

多样化和包容性不仅仅对于大型企业来说异常重要，各类企业皆可从中受益。同时多样化也不仅仅只是在性别层面，想要实现真正的包容性，我们还需要在观念、年龄、社会经济背景、教育、性取向和种族等多方面积极接受多样性。

不幸的是，尽管公众对多样性的认知和监督在不断加深，当前世界和创新体系仍然在这一方面表现得异常顽固。相关的数据尽人皆知，其反映的情况并不乐观。美国Catalyst公司统计显示：在财富500强公司中，有色人种女性在董事会中所占的席位仅有4.6%，但她们约占美国总人口比例的18%。同时咨询公司PitchBook的数据显示，在2019年，女性企业家所获得的创业资金达到35.4亿美元的新高，而这也只占到当年全部风投资金的2.7%。此处举一例进行比较，仅美国纽约众创空间WeWork所获得的投资就高于全球女性企业家在2019年所获投资的总和。除了让人感到些许讽刺外，这也让人们对错过改善女性工作境遇的机会感到一丝惋惜。

目前的最新消息显示，2020年第三季度，女性企业家所获得的风投规模降至三年来的最低点，退回至与2017年相同的水平；而整体的风投规模却与近几年并无差异，这一现状令人失望。

尽管每个人的天赋都相差无几，但每人能所获得的机会不尽相同。我们必须尽快采取相应行动来改变现状，使创新经济的成果可以惠及社会中的更多人。同时，我们要为每位员工提供更多机遇，不论年龄、种族、背景和性别，进而打造更具包容性的企业家精神。

### 聚焦Village Capital

Village Capital（乡村资本）是全球范围内初创类企业的重要推进者，同时也拥有自己的基金机构——投资公司VilCap Investments。乡村资本已经为28个国家和地区提供资金支持，在其参与投资创办的企业中，46%的企业由女性创建，30%由黑人或拉丁裔创建，这两组数字均高于行业的平均水平。

此外，该公司的主要投资领域也独具特色，包括可持续性发展、金融健康和新兴职业，所有这些行业都直接影响着消费者和小企业的财务状况，同时也对人类文明的长期发展有一定作用，以下是其参与投资的一些企业。

#### Landit公司

作为一家科技平台企业，Landit公司的主要业务是帮助女性和不同种族人群，旨在提高其工作的参与度与成功率，同时帮助企业打造具有多样化的工作团队。目前业务遍及20多个和地区。

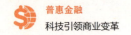
### MPOWER Financing公司

MPOWER Financing公司是一家公益性的企业[1]，主要为国际学生提供贷款，其贷款条件主要基于学生未来的潜力，与传统的贷款评估模式不同——对个人信用历史、抵押或担保人有所要求。

### Vault公司

Vault公司前身是留学生借贷平台Student Loan Genius，其主要业务是帮助企业在偿还学业贷款的员工福利方面开辟路径。Vault允许企业管理者将用于员工401k计划的配套资金用于员工偿还学业贷款。

### PiggyVest公司

作为尼日利亚最早且规模最大的网上储蓄和投资平台，PiggyVest公司帮助用户将暂时不用的资金进行储蓄。通过限制访问，帮助用户寻找到正确的储蓄方式，形成储蓄习惯。

通过上述投资，Village Capital取得了显著的成就，一些量化的成果如下所示：

- 二氧化碳减排量达1.442亿磅；

- 为2750万低收入学生提供帮助；

---

[1] 在美国，凡是公益性企业都必须承担回馈社会的义务，但其也可以分红和获得收入。——译者注

- 为160万低收入患者提供帮助；

- 为652000人口提供可负担的金融服务；

- 为15200小型农户提供服务；

- 创造13400个就业岗位。

对于那些不认同企业可以多样化发展的人群来说，也许他们只是没有找到正确的路径，而Village Capital的成功案例为我们提供了借鉴。

诸多数据表明，没有多样化支撑的企业将面临经济方面的危机。企业家在成立公司伊始就应该将打造多样化作为一项指标。

——维多利亚·弗拉姆（Victoria Fram），

Vicap Investments联合创始人

### 聚焦Springboard

Springboard是总部位于美国华盛顿特区的全球性的企业加速器，主要使命是帮助那些由女性领导的企业加速发展。而其采取的主要方式包括提高女性对关键资源的获取能力，以及利用自身的专家团队来帮助此类企业。该公司的加速器计划主要是为企业提供各类解决方案，服务的领域包括数字化健康、生命科学、科技和时尚科技。

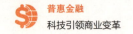

　　凭借着以协作为本的理念，Springboard汇聚相关知识人才组成智库 Dolphin Tanks，并为各类企业提供具体可行的发展路径和资源。目前已有来自14个国家、42座城市的800家公司报名参与，已经安排的Dolphin Tank相关课程达150节。Springboard的总裁及联合创始人艾米·米尔曼（Amy Millman）经常强调说："成立Springboard的目的不是为了展示我们拥有多么权威的专家，而是为了更好地帮助其他企业。"

　　根据Springboard的相关数据，自2000年以来，已经有超过800家Springboard参与投资的公司；通过在融资以及人力方面的指导，这些公司在产品推广和扩张方面取得了成功，共创造了超过225亿美元的市值，在盈利能力和解决就业方面均表现抢眼。可以说，在Springboard的影响力方面，数字比文字更具说服力。

这些企业展现了巾帼不让须眉的气魄。

——艾米·米尔曼，Springboard总裁及联合创始人

### 聚焦Sunrise银行

　　在之前的章节中，我们探讨了新的商业模式以及当前如何为弱势群体服务，现在我们需要在金融服务范围内针对关于利润的担忧进行一些讨论。对于银行来说，其是否能够聚焦社区内民众的财务健康进而更好地为其服务呢？在这一方面，我们

通过一个特殊的企业案例来证明银行完全可以做到这一点。

Sunrise银行，一家总部位于美国明尼苏达州圣保罗市的具有资质的公益企业，是一所被认证的社区发展金融机构（CDFI），同时也是银行业价值全球联盟（GABV）的成员之一。GABV是由62家金融机构组成的独立网络，主要使用金融手段推动经济、社会、环境的可持续发展。Sunrise银行主要关注那些帮助低收入者改善其财务状况的金融包容性产品及金融教育。此外，该公司每年将其净收入的2%以上通过联合捐助和赞助的方式回馈社区。2019年，该银行连续七年被非营利组织B-Lab评为世界最杰出银行。Sunrise银行在真正意义上对包容性商业模式持欢迎态度，也为其他金融机构树立了榜样，其取得的成就如下：

- 58%的雇员为女性且30%为少数族裔；
- 29%的雇员生活在低收入或中等收入社区中。

人们也许会问，Sunrise银行是如何做到这些的呢，它这么做的初衷又是什么呢？Sunrise银行首席执行官大卫·雷林（David Reiling）向我们讲述了他的故事。

25年前，我和我父亲合力买下了这座银行，表面上来看，这并不像是一次成功的收购。当时银行的总资产只有1400万美元；它位于全市出警最为频繁的区域；面临着各类长期监管不足的问题，特别是在针对特殊人群拒绝提供抵押借贷方面。其中生活困难的有色人种受影响最为严重。

但从最开始，我就非常自信我能够让这一切发生转变，而前提便是：只有当整个社区获得成功，服务它的银行才可能获得成功。我的祖母是意大利移民，她就住在这个社区，而我从小大部分时间都和她一起居住。因此，我对移民社区有较多的了解，而我也利用这一优势寻找创新性的解决方法，希望可以为此类社区提供便捷、使用简单和价格公平的各类金融服务。

在25年后的今天，我们的成就证明了"服务他人，提升自己"的模式不仅仅是有效的，而且是可量化的。通过打造使命驱动的机构并致力于服务社区（包括社区居民和企业），Sunrise银行得以有效改善其社区企业经营状况及居民家庭福祉。同时Sunrise银行自身的风险也显著降低、各类金融监管也不断完善。总之，我们的行动确实证明了"服务他人，提升自己"模式的可行性。

Sunrise银行当前的资产总额已增至14亿美元，经济规模是成立之初的10倍。与此同时，在服务民众和社区方面，其能力也提升了10倍。此外，Sunrise银行所采取的基于地域的使命关注模式也帮助其更好地利用全国性的支付工具和金融科技合作商，进而推动其自身的影响力。

作为一家通过认证的共益企业，Sunrise银行在2019年名单中位列142位。在相关的评分中我们有幸成为全球上榜共益企业（面向所有行业）的前10%，这也是我们连续七年获得这一殊荣。这不是吹嘘，我们想让大众明白，Sunrise银行始终以打造

"世界最佳企业"为立身之本。我们想要成为服务世界的最佳企业，而不仅仅是让企业自身获得发展。我们希望成为全球共益企业队伍中的领导者。每年我们都努力做到更好，进而不断提高公众服务水平。

行动胜过言语。作为由美国财政部认证的社区发展金融机构（CDFI），Sunrise自2001年以来始终坚持将60%的贷款提供给中低收入地区。这一服务边缘地区民众的承诺也再次体现了Sunrise银行的宗旨："为更高的目标奋进"。而此类行为往往被传统金融机构所忽略。对于大众来说，其所得到的贷款也不仅帮助家庭缓解了经济困境，同时也在追寻自身目标的路上得到了一丝慰藉。

使命本身便是很好的商业内容。我们称之为使命与利润的乘积。这是一个内涵丰富的想法：企业服务公众的目的性越强，其自身的发展就越容易。我始终相信如果企业想要实现普惠金融，就一定要抛弃狭隘的想法，即完成使命是对企业利润的消耗。对于企业来说，需要将自身使命作为商业活动的一部分，而不仅仅将其作为一个备选项。

那些在打造普惠性金融方面取得成就的企业往往拥有一个服务意识较强的掌舵者。这些领军者不畏惧坚持自身信念；他们勇于为信念付诸实践，因为对他们来说，造福他人就是企业成功的重要标

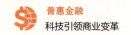

志。想要领导一家使命感驱动的公司，你必须有坚强的内心。你将会因为决策对提升公司利益不明显而遭到谴责。对企业来说，以股东利益最大化为目的做出非黑即白的决策往往相对容易，而想要平衡所有的利益相关者的利益往往相对困难。

在我们坚持己见、以使命驱动自身行为时，我们也不能孤军奋战。我们需要与其他人进行协作，从而更好地分担风险，以及分享、见解和想法。在Sunrise，末端产品及服务的用户通常无法看到关于企业的任何标志。但是民众对与我们合作的前端企业信任度高于对银行的信任。或者简单说，大众对银行的信任正在大打折扣。而作为幕后人，Sunrise始终在践行自己的使命，为大众的利益服务。

当前美国国内的经济差距正在以令人惊愕的速度扩张，在当前新冠肺炎疫情肆虐的背景下，这一差距进一步拉大。新冠肺炎疫情对少数族裔的影响异常显著。这种影响不仅仅体现在经济层面，也体现在健康状况方面。同时，2020年发生的乔治·弗洛伊德（George Floyd）被明尼阿波利斯警察杀害的事件也体现出种族和族裔之间普遍存在的不平等进一步加深。

美国亟须进行范式上的改变，将每个公民的生命、情感以及经济方面的福祉放在优先地位，不论他们的背景如何。同时Sunrise在成立伊始就始终为此努力。这一过程的实现并不容易，其间也不是一帆风顺。但这的确是我们所坚信终将实现的目标。

今天的Sunrise也许显得有些特立独行。就企业本身来说，我们也是一个以盈利为目的的银行，而我们也在造福大众的过程中实现了自身的发展。但是变革正在以前所未有的速度发生着。每天我都可以从Sunrise的员工和我自己的孩子的身上看到这一点。同时，服务公众的理念也正在快速扩展，我们今天所做的也仅仅是一个开始。

而就在50年前，经济学家米尔顿·弗里德曼还宣称企业唯一的责任就是为股东创造最大利润。半个世纪之后，这一关于企业及其社会角色的观点已经明显过时且让人感到有些狭隘。如果2020年所发生的事情可以代表未来10年中我们可能看到的变化，那么现在就是打造金融普惠企业的时候。转变发生得越早，我们受益就会越多。

## 向前一步

在寻求为每一个客户提供信托服务的过程中，当前金融机构似乎缺少方向感，这一缺陷也正在被各类初创企业快速弥补。那些在传统银行无法获得信贷服务的客户正在将其抛弃，转而选择金融科技方案。基于此，银行已经开始改变其投资、合作方式，同时不断打造更好面向用户及用于后勤的科技。银行不应将目光局限于提升短期效率和盈利能力。想要真正成为具备发展模式的机构，银行需要进行重新设定。但如果银行不作出改变呢？最有可能的结果可能就是被颠覆，被那些来自外部的、可以为用户提供更好服务的企业所颠覆。在过去的10年，亚马逊的业务早已从线上书籍销售扩展到云计算、百货店等各类颠覆式的新形式。脸书也已不断扩张，成功让世界三分之一的人口实现互联，同时也成为目前为止最大的广告平台之一。而谷歌和苹果对传统分类进行再定义并从各个层面影响着用户关系。中国各大科技企业的电商平台也通过大规模的开放框架实现了创新。

随着这些科技平台的出现，其所提供的各类银行服务——尤其是支付和信用方面，将可能迅速改变人们对成功金融企业的认知。这其中，面对此类规模日益扩张且发展不断上升的科技竞争者，金融企业将采取什么样的态度至关重要。对于企业价值来说，其往往体现在我们对待社区、员工以及客户的态度上，而不是在各大股东出席的年度达沃斯论坛上的空洞演讲。我们将投资的资金用在何处才是最重要的。

为社会上的每个人服务并没有超出我们的能力范畴。我们所欠缺的正是这样做的意图。而这一点也正在朝着服务大众的方向发展。对于银行来说，在打造形式用户价值过程中的创造性，将决定其未来的生存与否。同时，包容性的提升也意味着企业服务社区能力的逐渐提升。

最后，普惠金融是一个关于商业模式的故事。其中企业需要将发展目标与社区的重要性放在企业规模和盈利能力之前。同时，其所推动的商业模式也将为世界带来更多光明，来推动更加平等未来的实现。为此，我们需要倾听更多的声音，并积极回应他们的需求。

第六章

# 盈利的难题

　　想要推动世界进步，我们不仅需要科技还需要梦想。

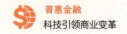

## 欢迎来到机器王国

随着当前数十亿劳动力的出现，人类进入了由集体力量支配的时代。不论我们选择什么样的职业（也不论我们出身于什么样的环境），这些决策都会影响我们在社会中的发展方向。我们所从事的工作很大程度上决定着我们会成为什么样的人，同时也塑造我们的生活经验、我们的价值观和信仰，以及我们的个人发展道路。在人类多样化的劳动形式中，大多数人通过出卖劳动力为换取工资，通过劳动进而成为一个大机器的一部分，为我们全球社会集体提供服务。通过工作，我们获得收入，然后再用收入来交换别人的劳动产品（以此满足自己的欲望和需求）；别人也将自己获得的收入作为交换，购买商品和服务——这也是世界市场经济的运作原理。而明白个人劳动与互相联结的集体劳动之间的关系（即采用以小见大的方式）是推动当前劳动力实现优化，进而实现惠及大众这一目标的基本要求。

通过工作我们得以获取个人的收益，但是我们通过付出劳动来换取收益和企业付出成本来获得回报本身是存在矛盾的。我们工作的地点、生产的产品以及我们的产品对他人的影响——这些与我们的价值观是否一致呢？我们所做的工作是否改善了我们的家庭以及其他家庭的生活？我们的付出是否让我们的社区变得更好？这些都是我们必须要问自己的问题，而当前关于利益的追逐往往是我们的首要考量。当前我们的工作（以及从事工作的原因）是否与我们开始选择这份工作的初衷相一致（当然前提是我们主动选择了工作）？我们所工作的公司、行业以及所从事的服务是否真正对社会起到了改善的作用？我们在工作中所获的利润是对社会产生了积极的影响还是消极的影响？当我们问自己上述问题时，我们当前的工作是否经得住推敲？当前人类所打造的经济现实对于大多数人来说是不公平的——每个人几乎没有选择的权利：工作的目的仅仅停留在满足家庭衣食住行方面的需求。对于那些工作流动性大的个人来说，他们还是有一些选择的，而这一点往往相当重要。对于大多人来说，他们所拥有的选择少之又少，进而导致了一种更加绝望的状态。

当前个体劳动者和小企业家的服务往往对市场和自身员工的发展有较大影响。他们不断对自己的企业目标进行定义，并不断将个人利益提升到新的高度。然而对于大多数员工来说，特别是对于零工经济从业者来说，工资和就业往往并不由自身控制——在企业关注其盈利水平、市值涨幅、库存以及资产负债等方面时，员工的声音往往被忽略了。对于此类员工来说，他们知道只要出车时间越长、运送更多货物和包裹，以及通过延长工作时间就可以提高自身的收入。但是，在一些社会中，公民无法获得医疗保健等基本但重要的服务，在这一情况下，谁又可以为员工的福利买单呢？一旦员

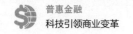

工出现意外且无法工作时又会发生什么呢？究竟要靠谁来帮助他们更好地了解其工作对个人经济生活以及其子女在机遇获取方面的影响？除了经济学家之外，工会以及智库是否都要积极参与为处于社会底层的员工谋福利？由此可见，有些事必须改变，而我们每个人都是市场这只无形之手的一部分，通过共同努力，我们可以打造一个更加平等的社会。

在大多数商业模式中，处在前线的员工在分享企业利润时往往最容易被忽略。在大公司内部，面对经济下行或提高股价及资产估值时，往往首先想到的也是减少工作岗位。不断进步的科技极大提升了工作效率，使其逐渐可以替代人力完成工作，其结果是影响深远的。当前的现实是，越来越少的就业者拥有选择工作地域和工作内容的权利，在如何提升自身工作效率、能获得多少收入以及可以达到什么消费水平等方面也很少有发言权。仅此一项就助长了社会不公的现象，在我们的社区中，此类情况也经常出现。我们必须充分认识到自身选择与宏观经济系统及他人经济状况的关系。最终我们会发现，每件事情之间都是互相连通的。

那么作为个人、家庭、企业以及行业，我们又该获取多少利润呢？你也许会说此类问题取决于市场，取决于供需经济学，取决于技术、技能和自身努力（或者多数情况下取决于运气）。但是我们能做的还有很多。如果社会对利润的来源进行严格的审查，收入差距还会如此悬殊、贫富差距还会如此之大吗？如果公共政策能够与政客们的言辞相匹配，我们又怎么会看到如此广泛的社会不公呢？

究竟获得多少利润和财富才合适就像是一个难解之谜——从中攫取了巨额利润的人难以回答此类问题。那么，想要改变这一点是否有其他方法呢？

瑞士瑞信银行2019年的全球财富报告显示：全球成年人口中，财富排名后50%的人口，其资金总额占全球财富的比重不到1%。而最富有的前10%的人拥有全球财富的82%，其中最富有的1%的人就拥有近一半（45%）的资产。这一倒金字塔式的社会财富分布体现了收入的不均，而通过劳动赚取工资所获得的收入与通过投资、财产继承以及利用外部资本经营企业所获得的收入相比，还存在较大差距。

社会的利润分配与每个人都息息相关，对我们的生活水平影响深远，也体现了社会对公平的标准定义。当我们在社区内部不断推广可持续的公平，试想一下我们的生活会发生什么样的变化以及财富如何影响了自己的家庭和生活。我们每个人都要审视自身是否拥有某种"特权"，对自身出现的偏见提出质疑，同时对当前的固有模式发起挑战，只有这样我们才能在与全球其他人群进行比较时，更好地思考自己当前的境遇。

当前对物质追求的时代尽管还远远未结束，但人们已经开始在物质与社会意识方面寻求平衡——进而将包容性、多样性和可持续性融入其中。整体生活的理念正在快速扩展。同时，当前的经济与技术环境已经大大缩短了企业的平均寿命。对于企业来说，唯一的应对方法便是

顺应社会潮流不断进化。对于那些能够做到这一点的公司，理应受到尊重并存活得更加长久，尽管其盈利周期可能会更长。

——尼迪·普拉哈（Nidhi Prabhu），

金融科技及数字战略咨询家

## 公共利益经济学

在打造社会公平方面，我们可以采用什么方法呢？作为社会科学的一类，经济学主要研究产品及服务的生产、消费和分配。当前大多数的新闻报道主要集中于宏观层面的经济，即关注公有和私有两个杠杆，进而对有限的资源进行调配，使经济朝着特定的方向发展。同时，我们也要将目光放到个人、家庭以及企业层面，将其与社会财富的合理分配联系起来。我们需要更多地关注数据背后折射出的道德困境——事实证明宏观经济往往对人们微观层面的生活具有长期影响。理解社会利润形成的背景也许是推动改变的关键，但同理心仍旧是促成变革的主要驱动力。

金融科技行业的子部门及目标几乎与其中的参与者的数量类似。尽管如此，我依旧相信金融科技的发展最终带来的创新机制和变革将帮助到那些无法获得相关权利的人群，使其拥有更好的经济生活。

永远不要忘记人类只有不断改变、创新，才能得以生存。

人类只有在一起时才会显得强大，我们有责任帮助那些不幸的人过上更好的生活。团结才会赢。

——斯皮罗斯·马格里斯（Spiros Margaris），

Margaris资本创始人

在各类经济理论概念中——例如在对竞争、复杂性、无知、不完美、不平等、稀缺性、主观性，以及其他方面的分析中，我们需要充分考虑到当前全球社会的高度互联性。同时，随着消费者知情权的提升和企业领导同理心的增加，在制定决策时要充分考虑其对全球人口的影响。作为全球公民，我们的每个决定都非常重要。作为领导者，我们所做的各类决策都与各方息息相关——从最小的举措到最广泛的政策。如何利用经济中的激励因素变得至关重要。

在人人都需要的产品方面（如食物、水和住所），技术所扮演的催化作用正在日益凸显，但我们仍然有许多需要改进的地方。尽管我们已经极大提高了玉米、大米以及小麦等农产品的产量，改善了获取清洁水源的方式，但是全球范围内大多数地区仍然面临着日益严重的收入与财富分配不均的问题。尽管在西方，很多人凭借着大型科技公司的算法满足了自己的需求，但即便在发达国家也有很多人的基本需求还无法满足。而这也凸显了社会中的利益分配问题：在财富不断增长的同时，社会不公也在不断地扩大。其中，人的决策起着核心作用。如果领导者不愿感同身受并付诸行动，我们就无法使社会朝着共同富裕的方向改变。

　　在当前科技赋能的世界中，劳动力的产出正在推动世界经济朝着惠及越来越少的人的方向发展，而出现这一问题的主要原因是人们在对企业发展的关注点方面出现偏差，导致当前企业发展朝着更加无形的方向发展，而其服务全球人口的能力也在不断下降。更重要的是，随着社会不公的扩大，我们曾经的衡量标准已经无法反映出当前经济的复杂性和差异性。各国领导人都需要问自己一个问题：我们是否应该仅以经济增长来衡量一个经济体的成功，还是说应该以哪些群体能够真正从中受益来衡量？

　　就其本身来说，经济学的核心是研究人、居住的社区以及社会整体之间的关系。它涉及一个社会中我们所做的关于个人、关于职业的决策。也许我们没法对自己出生的经济环境做出改变；但是对于创造什么样的经济形势，选择权在我们手上。

　　关于经济方面的讨论，不应局限于高校的象牙塔中，而需要与现实合拍。为了使各类经济决策更加可行，人们有必要了解到，不论哪种经济决策，最终都是由人而不是机构来完成的。然而，机构的结构往往影响着决策的制定方式。机构中的个人行为与其生活环境中的现状息息相关——通常机构中的人的生存环境与那些受经济影响较大人群的生存环境有很大不同。生产什么产品、什么群体得到什么、谁来制造、谁来消费、谁从中获益——这些关于我们社区经济发展的问题都值得我们进行思考。在这其中，蕴含着希望。

　　新一代的经济学家已经注意到了经济发展不均衡的问题，其中以华盛顿公平发展中心主任希瑟·鲍什伊（Heather Boushey）为例，她表示极端的社会不公限制了经济的潜力，主张针对当前经济政策进行大胆的反思。在我们的认知中，经济并不是为所有人服务的。在她的新书《解脱束缚：不公平对经济的制约以及我们的应对策略》（*Unbound: How inequality constricts our economy and what we can do about it*）中，她关于经济中"水涨船高"的假设进行反驳。仅仅知道经济的增量是不够的，我们需要了解不同群体中，其各自的收入水平提高状况。我们必须找到新的方式，让更多的社会群体提高收入。

尽管在过去的一个世纪中，人类在减少极端贫困人口方面取得了巨大成就，但全球的收入及其带来的贫富差距在不断加大。财富仍然集中在少数富人手中，人均财富高于10万美元的群体在全球人口中仅占11%，而其所控制的财富却占到全球的82.8%。在鲍什伊的论文《2020年愿景：经济走强的证据》中，在关于平均家庭财富与实际值方面，她表示："贫富差异使GDP不再适合充当指导公共政策的主要指标：如果GDP增量的绝大部分流入小部分家庭中，其他家庭却没什么收益，那么将GDP作为经济发展的最终目标就没有意义。"

为此，我们需要指导经济政策的新指标——一个能够真正反映当代社会的复杂性并让每个人可以从中获益的方式。我们必须从传统的认知中走出来，这些传统认知包括：GDP的提升是衡量一个国家财富的最佳方式；股市的上涨等于中产阶级实力的增强；只要支付渠道被拓宽针对贫困人群金融服务包容性就会提升。在这一背景下，更加广泛的经济形势衡量标准出现了，即由世界经济论坛创造

出的包容性发展指数（IDI）。在新的标准中，财富与更加广泛的社会层面挂钩，以及与人们的家庭生活水平挂钩——如收入、就业机会、经济安全和生活质量，等等。

正如一句谚语所说，如果无法测算，就无法改善。因此，我们也可以说，如果我们衡量成功的标准无法具体到每一个公民，我们便无法创建致力于服务社区全体民众的方案。

环顾世界，我们已经在将民众带入正式金融系统方面取得了显著成就，但这些成就并未完全转化为人们经济生活的改善——而这也是金融业下一个要面临的挑战。

——蒂尔曼·埃尔贝克（Tilman Ehrbeck），

Flourish Ventures合伙人

## 聚焦Flourish Ventures

作为一家风险投资公司，Flourish Ventures最初是欧米迪亚（Omidyar Network）投资集团的子公司。其主要为处于早期发展阶段的初创企业进行投资，从而帮助中低收入家庭和小企业实现财务健康与繁荣。该公司于2019年分拆为一只常青基金：拥有3亿美元的资本以及其之前对各类公司的投资组合。

该企业主要进行各个领域的风险投资，包括挑战者银行、个人金融、保险科技、监管科技以及其他为个人赋能、推动包容性经济发展的行业。其投资的一些企业有如下这些。Aspiration和Chime公司，二者均为基于移动平台的数字化挑战者银行，旨在提高透明度和信任度方面为用户提供独特的产品和商业模式；Propel公司借助科技来帮助美国的低收入群体更好地管理其社保福利；Steady公司主要为零工经济工作者服务，此类人群往往无法获得传统的金融服务；Pula是一家总部位于肯尼亚的保险科技公司，通过科技来帮助小农场主抵御气候危险，并使他们能够在自己的农场上进行更多投资。

Flourish Ventures始终忠于使命，对打造更加公正的金融服务生态持续予以关注，希望借此来惠及更多用户及小型企业，其在公平金融方面的指导原则如下：

● 金融服务要为个人赋能，使其能够实现自己的生活目标；

● 商业模式建立的基础是消费者的认可和商业信誉；

● 大众对自身财务数据的收集和使用要具备有效的控制；

● 金融方面的基础设施是开放的、低成本的，并能够激发市场竞争；

● 通过数字化的本地监管保护消费者，推动创新。

正如Flourish Ventures的团队所展现的那样，一个企业可以在保持财务状况可持续，以及帮助消费者和小企业获得积极经济成就方面实现平衡。目标和盈利，在Flourish Ventures的行动中，实现了共存。

## 盈利的目的

资本主义经济体系以个人所拥有的收益为核心——在为实现某种价值而进行的收支活动中产生的经济收益。但盈利的目的是什么呢？当一些行业或群体取得高于其他群体的收益时，其对公共利益又会产生什么损害呢？早先，在我们研究吉姆·柯林斯的《从优秀到卓越》时我们发现，作者认为真正伟大的公司是那些致力于实现股东利益最大化的企业。而这一观点也与米尔顿·弗里德曼及亚当·斯密的观点相符（亚当·斯密更是直接将经济学称为"关于财富的科学"）。当前，随着可持续商业模式的进一步发展，企业社会责任的范畴也进一步扩大，透明度作为一项新的指标在企业对股东（指那些拥有股份或长期的企业价值）及利益相关者（那些受企业行为、产品和盈利水平影响的个人、实体和社区）的作用中开始体现。

在过去几十年，这类更具包容性、更具社区思维的可持续商业模式获得了较好的发展。但如果我们不改变看待利润及其对社会影响的思维，不改变相关的文化态度，这又会对世界产生什么影响呢？如果我们围绕个人及企业的利润水平将对社会产生何种影响这一话题就相关政策（如税收和公共基础设施资助）的变革进行讨论，将会产生什么影响呢？如何针对可能对社区长期健康和经济福祉出现损害的产品进行更好的规范呢？我们如何将同理心上升为企业的一种制度？我们需要重新思考如何将业务模型转变为利益相关者模型，而后者是往往更乐于倾听社区多样的声音。诸如此类的培养往往需要从教育开始——从最早期的教育开始抓起。

如果我们将消除不平等和促进包容性作为我们教育的核心，并为学生提供更多现实中的例子供其学习将会如何？我们对公平的认知，与拥有不同收入、不同机遇的人群产生共情的能力，我们对社会中其他人富有和贫困程度的认知，以及关于利润如何转化为个人收入和认知价值的认知，都源于我们从小形成的认识和偏见。我们也许会想知道为什么老师与护士的薪水会低于职业运动员或对冲基金运营人员。我们也许很难理解为什么不同种族、不同文化和不同收入的人群居住在城市的不同区域，而没有认识到长期排外性的政策对此类状况的影响。我们也许不会理解金钱的财富和分配方式，以及企业的建立和运行方式。如果我们能够进一步理解利润是如何转化为个人收入以及其中的意义，那么我们也许不需要再不断地更新当前的商业道德教育（在下一章中我们将进一步论述这一点）。

对于以下社会现状我们又该做何评论：只有通过零和游戏才能获利，即一方的获利必须以另一方的受损为前提；公司首席执行官的薪资是普通职员的320倍，且在2009—2019年的10年增长了约105.1%（与同期普通员工7.6%的工资涨幅形成鲜明对比）；为什么一些企业管理人员会在企业福利资金欠缺的情况下选择乘坐私人飞机出行，我们对此又会产生何种疑问呢？诸如此类的疑问并不是关于谁承担更多风险的辩论，也不是关于领导者资格的辩论，甚至不是关于公平的辩论。对利益的追逐使不同阶层的人互相对抗，将社

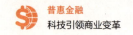

会的一部分人置于另一类人之上。同时我们对此类问题的讨论仍然不够充分，对于那些控制企业盈利部分的人来说，他们往往不愿提起此事。幸运的是，随着利益相关者对透明度要求的提升，此类情况正在发生改变。

每一种职业的产出都会对社区产生影响。不论你是否达到初级或中级教育水平，你所从事的工作都有其价值，你的工作成果对社区结构都具有重要影响。无论你在杂货店工作，还是负责拆解曾经风光一时的舰船，无论你负责扫地还是开公共汽车，每一个角色都对社会有特殊意义。从地质学家到科学家，从教师到社会学家、再到医务人员——每个职业的每个层次都有其重要性，也都可以互相学习。对一个企业来说，其盈利能力的重要性取决于其代表的群体、其对利益相关者的影响、其服务的对象，以及为他们服务的人群。

企业必须充分意识到其在社区所发挥的作用，并努力减少自身对社区的负面影响。企业领导者应该充分认识到其供应链及集体生产的重要性，并采用包容性的举措来获得收益（从而获得利润）。只有那些不断提升利益相关者价值的企业、那些在追寻企业目标中盈利的企业，才真正称得上是普惠金融的推动者。

## 在践行宗旨中盈利

在公司追求利润的过程中，企业目标又将被如何定义呢？尽管任何形式的盈利都会为一些人带来收益，但与此同时，如果利润分配不均，也会给其他人带来损失。但企业的盈利能力也可以产生其他方面的影响。在很多文化的发展早期，社区和大众福祉都是人们关注的焦点——不论是从相关历史中学习我们社会的过往，还是作为文化常识的一部分。打造普惠金融所遵循的各类原则早在那时便已经开始结合。

在此，我们想要表达的观点是，每个人都可以成为更好的自己，成为更好的未来社会中的一份子；在那里，我们可以做出积极的决策来影响周边的人。当会议中有人出错时，我们将及时指出；我们会去主动质问为什么某个团队更受青睐；我们将主动挑战任何形式的偏见，无论其是无意为之还是明知故犯；我们会努力工作，进而更好地满足社区中其他人的需求。在组织中，我们会勇于质问收入是如何创造的、利润是如何分配的、工资是如何决定的。只有通过对各类现状发起质问，我们才能不断前进。只有通过向现实发起挑战，我们才能达到自身的目的。

关于企业盈利能力的各类问题往往相差无几。我们知道企业的每一笔支出未必都可以造福大众。每一个企业也并不一定都会造福社区。因此我们说利润的分配并不是非常均衡的。这里的问题并不是那些产生负面结果的企业是否应该被逐出市场，而是我们也要观察此类企业对待社区成员的态度，以及它们对利益相关方的关心程度。供需的动态互动永远不会停止，但是当金钱凌驾于大众福祉之上时，我们要勇于挑战现状，将对于大众利益的关注置于消极产品

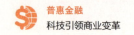

普惠金融
科技引领商业变革

所产生的利益之上。企业最终的盈利必须以企业目标为基础。

## 聚焦公益性企业（B-Corps）：造福大众，实现发展

企业在服务大众时，会产生什么样的力量呢？那些通常被人们称为"B-Corps"的公益性企业也许会给出答案。此类企业承诺采用新的发展路径，表示将改变其商业活动方式来更好地为大众利益服务。同时，这类企业也相信，比起从社区榨取价值，将利润投入社区中将会获得更好的效果。从Ben & Jerry冰淇淋到巴塔哥尼亚公司（Patagonia），此类公司对传统观念进行分解，推动了全球企业文化的转变，进而对成功企业进行重新定义，同时打造了一个包容、可持续的经济。

经认证的公益性企业是指那些经过认证且在社会、环境效益方面达到最高标准的企业，这类企业在公共透明度和法律责任方面表现优异，且将公司利润与公司宗旨相结合。他们相信，当前社会所面临的一些显著问题仅凭政府和非营利机构是无法解决的；而私营企业也可以以自身的方式加入其中，产生积极影响。此类企业所在的社区致力于减少社会不公、减少贫困，旨在建立一个更加可持续和健康的环境，进而使社区变得更加强大并富有弹性；同时在这一过程中，企业也可以创造更高质量的合作。在公益性企业看来，利润和发展只是实现更大目标的一个途径，即对所有利益相关方产生积极影响，包括员工、社区和环境。一些案例如下。

### Ben & Jerry冰淇淋公司

Ben & Jerry冰淇淋公司是世界上最早的一批将社会使命、产品及经济目标视为同等重要的企业。从承诺采购公平贸易原料到反对美国国内的不公平现象,这家1978年在佛蒙特州开始营业的冰淇淋企业始终支持建立共同繁荣的社会。Ben & Jerry冰淇淋公司的核心使命是其关于社会、产品及经济使命的信念:以上三者必须被提到同等的高度,给予公司内外的个人以充分的尊重,同时为其所在的区域提供更多支持。

### CNote公司

作为一家金融科技企业,其目标是在一个包容性更高的经济体上,实现投资的便捷化。为此,CNote与社会发展金融机构(CDFI)开启合作,相关的投资直接用来支撑社区发展,帮助那些由女性和有色人种建立的公司筹集贷款,同时为人们提供可负担的住房,并为低收入者聚居区带来机遇。

CNote的相关统计显示,其投资总额的中51%用在了那些由有色人种创办的企业上,31%的投资用来为女性领导的企业进行注资。

### 巴塔哥尼亚公司

作为户外服装公司,巴塔哥尼亚公司(美国加利福尼亚州的第一家获得认证的公益性企业)自1985年以来,始终坚持将每年收入的1%用来保护并恢复自然环境。同时,针对那些服务本社区的小型环保组织(从保护生物多样性的组织到致力于应

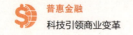

对气候变化的组织），巴塔哥尼亚公司也通过现金或实物捐赠的方式为其提供8900万美元的支持。在2019年，该公司被评为联合国地球卫士企业。对巴塔哥尼亚公司来说，其目标是在2025年实现碳中和。同时该企业也致力于使用100%的可再生原料。与其他公益性企业一道，巴塔哥尼亚公司的举措证明了可持续发展的企业并不是做慈善，而是通过服务公众实现自身的发展。

### 托尼的寂寞巧克力（Tony's Chocolonely）

该企业由荷兰记者托尼·范德库肯（Teun van de Keuken）于2004年创建，其最初形态是"记者酒吧"，希望借此来引起公众对巧克力行业中不符合职业道德的现象的关注。总部位于荷兰阿姆斯特丹的托尼的寂寞巧克力（Teun就是英语中的Tony）的愿景是实现巧克力生产的100%无奴隶化。在巧克力的包装和可可种植过程中，该企业完全实现了无奴隶化、公平化及透明化。"金钱是一种手段，而不是目标"。该企业的成功案例说明，对企业来说，经济效益和社会效益是可以兼得的；表明巧克力无奴隶化生产和获得商业上的成功是可以同步实现的；而使企业得以获利的主要优势是可溯源的巧克力豆、更高的售价、抗风险能力更强的农户。同时，企业对自身与长期用户的关系的关注，以及生产力的革新也在其中起了重要作用。

金融科技企业的目标与其他行业相同，也是尽全力为客户提供服务。通过可获得的技术、监管措施的支持、企业精神以及大量的人才，金融科技企业正处于优势地位。

但是，不论金融科技企业的相关解决方案或大或小，也不论其方案是雄心勃勃还是极具针对性的，其目标都必须足够清晰：为每个问题找到具体的解决措施，将痛点移除，带来明显的改善，进而保障消费者的经济利益。

——坦尼亚·安德烈亚森（Tanya Andreasyan），

FinTech Futures公司总经理及主编

## 聚焦信用合作社及房屋信贷互助会

在讨论有关金融服务的盈利及包容性商业行为时，我们必须提及信用合作社运动的重要性。作为传统银行的完美补充，信用合作社特指那些采用类似非营利经营方式为成员提供金融服务的企业。其主要关注点为社区，以人人互助为前提开展各类业务。

那么信用社与银行又有什么区别呢？两者的差异主要在所有权、控制权以及盈利方式等层面。在信用合作社中，每个成员都持有一个股份账户，代表着他们在企业中的部分所有权。与传统银行不同，信用合作社并不是由专业管理团队和股东控制的，信用合作社由成员组成志愿者大会作为自身的管理部门为成员服务。管理团队成员由信用合作社内部的员工投票选举。同时，每位成员，不论其持有资金的多少（也与盈利能力无关），都拥有一票的权利。

因此，信用合作社的成员既是公司的持股人又是利益相关者，同时也成为信用合作社所服务社区的利益相关者。其中，成员的共同储蓄使信用社得以提供各类形式的存款、投资以及贷款服务，进而为全体成员更好地服务。与大多数银行相比，信用合作社通常提供更高利息的储蓄产品和更低利率的贷款，因此其为成员提供的金融相关福利也较银行更为丰富。凭借更为简化的产品线以及相关费用的高度透明，信用合作社得以在社区扮演重要角色，对于很多无法获得银行服务或由银行存款不足人群构成的低收入地区，信用合作社的重要性尤为明显。

既然信用合作社似乎可以帮助更多人群，为什么没有更多人加入其中呢？因为信用合作社成员的增长与信用合作社的建立方式和成员分部广度——在监管下其服务人口的广泛性——息息相关。

信用合作社最早于1852年在德国出现，当时一个叫海尔曼·舒尔茨—德里奇（Hermann Schulze-Delitzsch）的德国人将两项初期金融合作项目合并，建立了世界上第一个城市信用合作社系统。自此，信用合作社和类似的社区性集体金融企业开始在意大利、法国、荷兰、英国、奥地利以及其他地区出现。在早期，由于不断上升的信用评估成本，信用合作社通常由雇主和社区创建。后来，全球化的信用合作社模式发展迅速，在被引入北美后其发展速度进一步加快。

北美第一家信用合作社于1901年在加拿大魁北克成立，而美国的第一家信用合作社（现已成长为全球信用合作社的最大市场）于1908年成立。截至2019年末，仅美国就有5236家信用合作社为超过1.2亿人口提供服务，存款总金额达到1.22万亿美元。

全球范围来看，信用合作社的规模各有不同，从服务单个家庭的小型信用社到那些由大大小小企业赞助的大型信用合作社不等。同时，很多信用社以地理位置为关注点，为周边的整个社区提供服务。世界信用合作社理事会（WOCCU）的报告显示，截至2018年底，全球共有85400家信用合作社分布在118个国家中，为2.742亿人口服务，存款总额达到2.19万亿美元。

随着信用合作社的持续发展及其服务无银行账户人群的承诺，信用合作社为当今金融机构和金融科技初创企业提供了许多借鉴经验，其中包括：

- 由于所有权的特殊性和非营利性授权，信用合作社将主要关注点集中在满足用户的金融需求方面；

- 信用合作社会员的收益（金融关系的净利润）是非常可观的，在与银行进行比较时，其优势尤为明显；

- 信用合作社当前存在的缺陷——诸如地理位置的不便和先进技术的匮乏——正在不断减少；其原因是越来越多的信用社开始与科技公司合作从而保证当前企业模式得以不断进化。

同时，一些其他形式的此类机构也层出不穷，其中一些甚至比信用合作社的历史还要久远。以房屋信贷互助会为例，它在英国最早出现，最初业务是为成员购买土地提供资金。最早的房屋信贷互助会凯特利建筑协会（Ketley's Building Society）于1775年成立，一旦互助会中的所有成员都找到住所，互助会的运行就会终止。根据英国建筑协会数据，当前在英国约有43家房屋信贷互助会和6家信用合作社，总值达4300亿英镑。同时，如果将其子公司纳入计算，其占据着英国23%的融资抵押贷款（超过3350亿英镑）和18%的存款（约2950亿英镑）。

与信用合作社类似，房屋信贷互助会作为一种金融合作社，其主要宗旨仍然是为社区的利益相关方服务，而不是为股东服务。在英国历史上曾经有几家非营利的房屋信贷互助会将其运作模式转变为由利益驱动的银行业模式，其给出的承诺是其成员将会在长远角度收益，而其最终的发展并未达到预期。

事实上，这6家房屋信贷互助会之所以向传统银行模式转变，是因为20世纪80年代，英国保守党政府为了增强市场竞争力而做出允许当时的银行提供抵押贷款服务的决定。这些做出转变的房屋信贷互助会，包括哈利法克斯、北岩，以及布拉德福德宾利公司，在之后的国际金融危机中遭遇了巨大的金融困境。转型的6家企业纷纷宣告破产或并入其他公司（如转型失败的Abbey银行与Alliance & Leicester银行不得不并入桑坦德银行的案例）。

2005年，一项针对这些机构的研究发现，在这类转型的房屋信贷互助会当中，员工从其商业模式转变中获益甚微。而主要的获益者（不出所料）是这些企业的高管，当进入转型期时，此类人群的薪水增幅最快，从1993年到2000年，其薪资涨幅达到293%。

在此类案例中，似乎可以得出将逐利置于企业宗旨之上会导致企业失败的结论。在此类企业模式转化的案例中，我们得到重要的教训就是：企业应该降低对利润的关注，而更多地提升对解决民众金融需求的关注。这是历史悠久的企业能够再焕新颜的原因所在，也是我们在不加重既得利益者和一般民众两极分化的前提下能够更好地为大众服务的途径。不平等的出现是过去社区领导者老旧方式导致的结果。每个商业模式都可以将关注点重新放到大众利益层面，对于金融服务业来说也是如此。

## 聚焦包容性金融科技企业商业模式

在关于利润与企业宗旨的问题上，金融服务也是一个非常有趣的焦点。在满足民众的基本生活需求的同时，全球银行业也已经赚取了巨额利润。同时，不论是对于传统银行、金融初创企业或是金融基础设施的一部分，资金与资本投资在社会中的流转方式都对企业的整体健康状况至关重要。

以财生财是一种最为古老但最为可靠的赚钱方法，特别是通过使用金钱制造摩擦进而实现财富的增长。但同样对金融服务来说，其是否能够为大众带来福祉，在社区内部产生积极的影响呢？答案当然是肯定的。金融技术初创企业，在推动全球金融包容性方面都做出了巨大贡献。当前，数以百计的初创企业为全球银行存款不足的人群提供银行服务，同时更有数以千计的企业在帮助大众进行日常的储蓄、投资、消费优化，并为几代人的财务状况带来积极改变。业内人士也注意到了这一点，并通过自身努力来挑战当前的商业模式——并不是因为想要打造好的公共关系，而是因为商业活动的包容性最终也能够催生利润。对于银行和客户来说，这促成了双赢的局面。

奥米迪亚网络（Omidyar Network）、风投公司Flourish Ventures以及奥维咨询（Oliver Wyman）研究了一些在财务方面表现良好的企业的经营模式，旨在找出能够帮助企业强化客户信赖和促进财务健康的成功经营方式。此项研究从350家领军金融科技企业收集数据，从11项案例中进行研究，从企业创建者、投资人处获取建议，且从收入水平和地域的角度出发选取不同消费者群体及数字日志进行分析，三家企业据此出具了相关报告《金融科技企业的新突破：价值创造和信任建立的经营模式初探》。研究得出了企业如何将金融健康嵌入公司的核心战略当中，以及如何减轻其收入模式给客户带来的风险。

该研究发现了一些非常具体的新商业行为，这些行为通过可持续的方式成功将企业盈利与客户价值创造联系起来，为打造新兴盈利策略提供了借鉴，且为实现金融健康提供了指导性原则。其主要思想是激励企业家为大众市场服务，同时为其提供相关框架，使企业得以从服务大众的过程中实现盈利。报告通过具体内容详述了初创企业如何盈利以及其与客户及社区之间的价值交换。以下是报告中着重提到的一些金融科技初创企业的案例。

### Betterment公司

Betterment公司是最早的机器咨询服务商之一，该公司对低成本的投资管理进行了重塑。通过由员工出资的401K退休计划，该公司提高了自身的投资透明度。像Betterment等初创企业是最早一批通过单一操作平台对长期投资进行汇总与优化的企业。

### Even公司

通过筛选雇主为客户提供按需付费服务，根据即将到期的账单进行预算制订，以及为达成目标进行自动储蓄。通过与沃尔玛等企业进行合作，使Even提供的服务成为该公司员工的福利。同时，Even公司也帮助消费者为应对紧急情况进行储蓄，使其在急需资金时可将资金取出。

### 储蓄软件Qapital

帮助用户实现有目标的储蓄、支出和投资。该软件通过记录有关活动向消费者展示相关成果（例如储蓄金额）与消费记录（例如，基于2美元以上的采购活动汇总的148条转账记录）。同时，Qapital也是最早使用IFTTT（If Then, Then

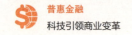

That）应用的平台，进而实现将非金融类活动与金融结果联系起来（如果我走5英里的路，我的储蓄账户就自动转入5美元）。

### Stash公司

这是一家针对新手投资的数字金融服务平台。通过打造简易且便于使用的工具，为用户提供创造价值的关键资源。Stash公司利用行为科学来为用户提供金融小贴士与相关建议，改变其短期行为，促使他们进行长期储蓄和投资。

### Truebill公司

帮助用户追踪账单、取消订阅，以及申请退款。像Truebill（以及同样令人印象深刻的 BillShark）这样的应用软件，通过抑制订阅式经济对消费者的影响［如流媒体服务、网飞（Netflix）、水电费、互联网以及手机账单］，从而改善客户的财务状况。

正如（当前的）一句"老话"所说：现在有一个针对此类问题的软件。银行业也是如此。自国际金融危机以来的10年中，随着金融危机后初创企业的涌入，金融服务行业已经朝着有针对性和包容性的金融模式发展。当然，想要打造面向全行业的商业模式还有很长的路要走。而当前新冠肺炎疫情的出现大大加速了这一行业朝着服务范围更广泛和透明度更高的商业模式发展的进程。

对于大型银行来说，其自身存在的问题及其对社区经济平等所形成的长期影响（负面居多），主要源于其对短期盈利能力的过分关注，以及管理层缺乏同理心。与其期待银行进行自我改变，我们更应该支持通过外部变革促使金融业回到公众的监督下，对社区和公共福祉做出更多针对性的举措。

尽管在报告中，上述各方也承认建立负责任的盈利模式并非易事，但报告也提出，其目标是促使相关企业在可持续营业模式的开发过程中尽早进行投资。通过此类行为，相关金融企业可以建立全新的充满活力的商业形式，采用多样方式为消费者的财务健康服务。同时，对金融服务业来说，这一转变也将对其产生长期积极的影响，并进一步通过提升其所服务社区的福祉来获得可持续的商业利润。

金融科技的宗旨是一个诱人的命题：其目标是对需要它的行业进行重新定义。金融科技正在努力实现金融民主化。银行业当前正处于危机之中，必须想出新的价值主张。在这一过程中，并不以英雄角色示人的金融科技为其施加了额外的压力，推动银行业在产品与服务上推陈出新。

——玛丽·维斯尼夫斯基（Mary Wisniewski），

银率网银行业编辑及金融科技专题记者

## 聚焦科技平台和盈利

全球商业环境正处于根本性的转变过程中。苹果、谷歌、脸书、亚马逊以及其他大型科技平台目前正控制着我们的日常生活。而此类公司的业务范围也非常宽泛，它们将各类日常活动嵌入超级应用软件（从预约订餐到预约出行）、支付工具、社交网络和各类设备当中。明白了这一点，我们必须评估此类企业的商业模式和极强的盈利能力对社会的影响。尽管对于企业在消费者隐私与安全交易方面的必要性监管主要由相关的监管部门执行，作为此类系统的用户，我们也应该意识到个人数据、喜好和日常行为对此类企业营利的影响，并对此给予高度关注。

在其发人深省的著作《赢者通吃：改变世界的精英游戏》中，阿南德·格里哈拉达斯（Anand Giridharadas）对当前世界的权力结构发出疑问，包括对上述提到的各类大型企业，以及其背后的操纵者。更为有趣的是，他针对当前社会中机遇被越来越少的企业和越来越多的亿万富翁占据的现状发出质问。企业使用用户数据的目的何在？这对于各类创意点之间的竞争会产生什么影响？企业面临的机会成本又将如何变化？这对社会的未来发展又有什么意义？

我们生活在一个经济形势正在转变的时代，在这一过程中，由算法引领的科技方案和越来越多以同理心为主导的决策制定模式开始互相融合。长期来看，科技是否可以带来更好的发展呢？当前科技平台的垄断性规模又是否会对公众福祉带来改善呢？在这一过程中我们又错过了什么呢？

我们应该对当前最具天赋的工程师与程序员给予高度关注，对大企业的着力点进行关注，因为这些最终将会影响到我们自身。同时，我们又该对此类企业和风险投资者的行为进行充分研究，使我们对此类企业的熟悉程度如同对当地的街角小店一般熟悉，因为这些企业的行为对我们的生活、社区、工作、消费趋势，以及利益分配都会产生影响。我们应该以各种可能的方式挑战不断增长的利润率、企业整合、高管薪酬以及现有的公司制度——这种推崇市值而忽视社区福祉的制度。

对于企业在解决社会中根本性、系统性问题方面的努力——例如，解决收入差距、过度培训、教育资源分配不均以及其他可能阻碍个人成功的问题，我们应当予以支持。我们必须帮助这些公司将其想法转化为行动；针对消费者的研究，我们必须摒弃从前以谋取利润为主要关注点的做法，对导致当前一些系统性问题的原因进行深入研究和理解，因为此类问题关系到商业模式的发展、我们的社区以及利益相关者的福祉。当前的变革主要体现在思想层面，从移动电话的三寸之屏到咖啡馆与新闻编辑室的电脑屏幕，各类新的观念正在对人们的行为进行前所未有的冲击。

科技变革的影响将长期存在，我们也应该期待大型科技平台在利润的均等分配方面迈出重要的一步，为社会和民众带来更多福祉。这意味着作为此类公司系统的使用者以及其产品的消费者，我们共同拥有一种影响当前局势的方法——改变我们在此类网络上的行为和活动。如果我们无法汇聚人才来为改善他人的生活服务，那么我们的社会会成为什么样子呢？普惠金融的原则要求我们不能将思维局限于自身，我们应当挣脱束缚，致力于解决那些可能影响社区福祉的潜在问题，而科技将在其中发挥重要作用。当前，通过我们自身的努力，通过我们作为领导者的影响力，我们有能力做出改变。

汇款业务贡献了第三世界国家GDP的40%。通过金融科技，我们可以推动资金流通和金融支持，进而提高低收入和银行存款不足人群的工资水平，满足其基本生活需求。

——斯蒂芬妮·福斯特（Stephanie Foster），

女性驱动创新协会（Women Driving Innovation）

## 同理心模式

在当前资本主义经济或其他经济模式下，如果我们将股东优先模式转变为利益相关者优先模式，会产生哪些影响呢？对于金融服务行业、科技行业和前文提到的其他行业，这一转变在实践中又会呈现什么特点呢？当今世界，越来越多的企业意识到通过服务大众来提升效益就是要企业认识到其主要职责——尽全力满足其所服务社区的多样化需求。在企业良心和人性的指引下，构建同理心可以作为商业模式的核心内容。

在利用科技解决社会问题方面，我们必须采取主动态度。对于每一个企业来说，打造一个平等的、造福每个人的未来是我们的职责所在，而构成普惠金融的核心便是乐观精神。这种精神来源于我们同那些做出杰出事业的企业家的对话，以及他们为社区服务的意识，这些给我们带来了希望。

但我们也知道改变和进步不会轻易实现。改变需要付出努力、毅力和承诺。想要取得进步同样要求我们去直面当前不公平的现状。这些问题往往最初体现在盈利能力和企业目标层面，但很快就会变成更私人化的问题。

我们必须认清我们对社会的价值，认清我们个人及我们的企业模式给社区带来的潜在影响。批判并不等同于愤世嫉俗，而是要求我们去追问探查，我们也要努力去寻找改善的方法。我们要将愿望付诸行动——打造一条通往实践的道路。实现大众福祉不能仅靠言语，而是要我们进行切实的规划。

以大众福祉为宗旨是我们所推崇的最为高尚的目标。企业可以采取必要的手段来促成改变，为实现更广泛的平等发声，这也是我

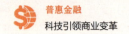

们分享此类案例和想法的目的。我们唯一的期望是企业能够找到将这些愿景与公司实践结合起来的方法，找到引领企业不断前行的愿景，进而为更多人打造一个更加美好的世界。

第七章

# 传播善举的领导力

纠正错误的方法就是将真理之光照在他们身上。

——艾达·贝尔·韦尔斯（Ida B.Wells）

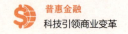
## 一条真正不同的道路

领导力对于你来说意味着什么？在《从优秀到卓越中》一书中，吉姆·柯林斯将成功的企业领导者定义为那些能够将精力集中在让他们充满热情的活动中，并能够通过打造自身优势产品和聚焦创造内部"飞轮式"商业模式来推动企业发展，进而不断巩固企业地位的人，在这其中，收入和盈利始终是企业发展的主要驱动力。难道这就是企业发展的终极目标了吗？对于今天的企业领导者来说，这一经验是否仍旧适用呢？诚然，当前我们所需要的企业领导者是那些能够在企业发展方面有所创新，能够将从前基于"从优秀到卓越"的商业模式转化为为更多人谋福利的新型模式。我们该如何培养此类企业领导者呢？同时我们又该如何借鉴公益性企业的原则，并将其应用到当前的领导力准则中呢？

正如我们在上一章所讲，对任何社会来说，不论在何种宏观经济模式下，营业收入和利润都不应成为衡量企业管理成效的最佳标准，当然它们也绝不是唯一的评价指标。那种关注快速增长（在硅谷的人们称之为"曲棍球式增长"，特指用户飞速增长的情况），致力于创造企业规模和构筑自身的"护城河"，以及始终为股东利益最大化服务的商业模式正在对我们社区的诸多方面产生负面影响。

柯林斯表示，这些以企业增长为目标的行为可以打造正面的文化力量，进而推动组织向前发展，走向永久的成功——这一理念与涓滴经济学相似，即让富裕群体处于优势地位将惠及普通民众。但我们所处的时代已经不是亚当·斯密及其提出的"看不见的手"所大放异彩的时代。而这一观点在当下也显得不合时宜，与我们生活的世界也格格不入。因为当前大众的需求在很大程度上无法充分满足。

对未来商业领袖的培养筹备至关重要。同样重要的还有我们如何将注意力转移到更具原则性和切实性的集体管理示范上，以满足我们整个社区的需求。随着社会不断变化以及科技的日新月异，转变观念变得愈发困难。然而我们必须尽全力去革新思想。对于服务社区的企业来说，现在正是进行人们期盼已久的企业结构变革的时机。而当前这一时期也将成为企业领导力朝着造福大众这一方向发展的重要阶段。

## 新世界，新意义

冒着激怒读者的风险，我们重复之前的问题：领导力对于你来说意味着什么？同时，如果我们问你一个优秀领导者的基本素质是什么，你会给出什么答案呢？你想要去效仿谁？哪些个人和组织会出现在你的脑海？同时更重要的是，为什么是他们？哪些特点和行

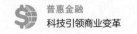
为给你留下了最深的印象？我们希望得到一个理由。因为在我们通过本书描绘这个世界时，它已经又一次发生了改变。

在我们进行本书的创作时，新冠肺炎疫情正在席卷人间。尽管当前这一疫情还远未结束，但我们已经从中吸取了许多教训，这对我们的工作方式、工作地点都产生了巨大影响。同时也充分显示出最为脆弱的民众和最必不可少的工作人员在社会中所面临的威胁。这一充满未知的重要时刻为上述问题提供了一个现实的答复。

相较于繁荣的时代，困顿时期的领导力建设显得更加困难。环顾四周，我们面对着诸多挑战，例如在最初看来无法遏制的疫情。从地缘政治冲突和日益严重的社会不平等问题所引发的动荡到自然灾害、气候危机冠状病毒引发的危机，人类正面临着前所未有的考验。在这些挑战下，人类能否以更加坚强的状态重获新生？在这个乱象丛生的社会我们又能否重整旗鼓？困境时期我们所有人的领导力都得到了最好的考验。但同时也给我们提供了前所未有的机会来做出积极的改变——使我们通过有意义的方式来改变世界。

真正的领导者都有着丰富的生活体验，往往不受职位和工作内容的约束。当世界上许多人因社会和居住地的不同而彼此不相往来，在生活压力加大和未来充满不确定性的双重压力下变得身心俱疲时，一句简单的"你并不孤单"比以往任何时候都更有分量。但想要打造有效的领导力不能仅靠言语和同理心。还需要具备相关的知识来分辨哪些做法是无用的，并据此采取勇敢的行动来挑战现状，开辟新的道路。

在我们对社区领导力的下一次迭代进行更多思考前，我们先来讨论当前全球疫情给我们的启示，然后将关注点返回到小企业的打造、孵化、对创意产业的资助（特别对于那些硅谷之外的融资），以及在全球范围内零工经济的规模不断扩大的形势下，零工经济对领导力产生的影响。在本章和下一章中，我们将简单回顾这些前行路上的挑战与那些曾经帮助我们开辟道路、带领我们向普惠金融迈进的企业领导者和组织。

## 一场关于定义的危机

新冠肺炎疫情带来的冲击让本来处于历史发展高点的世界回到了谷底。没有什么可以比全球疫情更能改变全球数十亿人口生活的了。回顾我们在抗击疫情时所走过的路程：我们寻求医疗解决方案来缓解这场波及全人类的灾难；我们悲伤地看到新冠病毒的感染人数和死亡案例在不断上升；我们惊叹于医务人员的不懈努力，以及那些为社区无私奉献的人群；我们重新定义了何为真正必不可少的雇员，这对我们未来的工作和教育方面的生态提供了正确的引导；我们开始再次渴望与那些曾经不被重视的亲人、朋友，以及其他所爱之人的联系。放眼未来，随着社会重新步入正轨，我们也将再次迎来一个完全不同于之前的新世界，我们将重新拾起那个决定未来的关键要素——希望。当然我们要明确一点，接下来会发生什么仍旧是个未知数。

我们的领导者必须重新聚焦未来的发展，正如我们的社区为此所做的准备。新冠肺炎疫情诚然在物质和经济层面给世界带来了巨大损失，对人类生命安全构成了极大威胁，但这一始料未及的社交隔离阶段为全球企业领导者提供了反思的契机。这就好像一个精灵被释放了出来，让悲悯、忧郁和不安的情绪笼罩在世界的大部分地方。这场疫情为所有人提供了一个进一步审视和了解人与人之间关系的契机，促使人们进行了非常必要的私人和公共对话，对我们的行为进行讨论；同时还探讨了我们的行为、先天倾向和工作在某些方面多么至关重要，而在另一些方面又是多么无关紧要。新冠肺炎疫情将继续成为重新定义社会和社区的机遇，同时这场疫情也重新定义了领导力本身的作用；将人们对希望的渴望变为一个影响全人类的行动。商业领导者需要从这次危机中吸取的教训还有很多。

### 远程工作和数字鸿沟

正如我们所知，新冠肺炎疫情的蔓延使世界发展进入停滞。企业被迫停工、学校课程也不得不取消。富裕的城市居民奔向远离城市喧嚣的度假住所。当远程工作者疲于应付冗长的虚拟协作会议时，在职的父母却在应用程序的海洋中航行，帮助他们孩子在虚拟世界中学习。

但并不是所有人都可以远程办公，也并不是所有的孩子都可以进行网络学习。疫情使各国人群间的贫富差距进一步扩大；同时揭示了种族、收入和地理位置等方面的差距。正如我们所知，进行远程工作和学习是一种特权，而不是一种权利。我们的社会中只有一部分人才负担得起。

在美国，无法享受互联网服务的群体主要集中在黑人和西班牙裔群体、农村地区人口，或者那些来自低收入家庭的人。美国政治经济研究联合中心的数据显示，34%的美国成年黑人没有家庭宽带。此外，在有一个或多个17岁或17岁以下子女的黑人家庭中，有30.6%的人（超过325万黑人儿童）无法获得高速家庭网络服务。在全球的农村地区，孩子们需要四处寻找互联网的连接渠道，甚至在路边连接互联网，才能接受相关的教育。

美国安信证券公司（Essence）的一项研究显示：85%的黑人母亲表示，在她们的家中没有足够的电脑或笔记本电脑来满足子女的教育需求；79%的母亲表示她们的子女在学校教育系统中所获支持较少。试想一下，当美国的大部分教育资源被迫转为虚拟化时，此类家庭将遭受多么大的长期影响。

事实也证明这些母亲的担忧是有理有据的。美国《教育周刊》针对全美教师和学区相关领导的调查显示：超过半数（64%）来自高度贫困地区（低收入学生家庭占比超75%）的受访学区领导表示，在学校长期停课的情况下，科技资源的不足成了学生进行学习的主要障碍。

同时，在高度贫困地区的教师也表示："我们的学生中有三分之一的学生无法登录互联网或以其他形式进行交流。"同时农村地区的学校在交流联系、相关设备及技术专家方面的资源更加紧

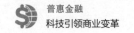

缺——而这些都是构成当代公共教育的重要因素，在新冠肺炎疫情的冲击下，此类教育资源不平衡的问题进一步突出。

而此类挑战也不仅仅存在于美国数百万小学与中学学生的家庭中。随着大学也开始从线下课堂转向线上课堂，那些来自相对落后地区的学生日益发现自己很难在远程学习的环境中取得成功，而主要原因便是其在宽带连接资源方面的匮乏，这也进一步加剧了高等教育本身想要解决的不平等问题。宽带连接不应成为一项奢侈品，而应成为必需品。

美国前总统奥巴马曾在2015年访问艾奥瓦州锡达福尔斯市时关于宽带连接做出如下发言："这并不仅仅是为了让人们更容易观看网飞上的影片……而是帮助当地的商业获得增长、繁荣，能够在全球市场中具备竞争力。这是为了给企业家、大街上的小商人一个机会，使之可以与那些位于硅谷的企业家们进行竞争。这是为了帮助学生获得网上课程的权限和就业机会，从而帮助她实现自己的梦想。"

不幸的是，此类问题并不仅仅存在于美国。类似的差距还广泛存在于其他发达国家中，在那里，社会阶层较低的人群由于年龄、种族、性别认同和其他因素而被边缘化。以加拿大为例，受高额成本和人口差异的影响，网络连接水平的不平等也广泛存在，在该国北部地区，这一差距尤为明显。

通信监测报告显示，十分之一的加拿大家庭仍然没有连接互联网。不出所料的是，那些生活在农村和偏远地区、加拿大第一民族保护区、官方少数民族语言社区以及低收入家庭受到的影响最大。

相似的情景也在印度出现，在那里，固定宽带接入率仅为
1.5%，而世界平均水平达到了14.9%。此外，在该国互联网接入方
面，城市与农村地区的差异也非常明显。由于缺少可靠的宽带连
接，不同阶层、性别和地区之间的经济差距正在被进一步拉大。而
这一现状也导致了一个问题，那些宽带连接受限区域的人是否能
够充分参与到数字经济中呢？从新冠肺炎疫情中我们又可以学到什
么，各国领导人又能如何确保更多社区实现数据连接呢？

### 子女看护和两性平等

在新冠肺炎疫情的冲击下，当前社会的性别不平等问题被充分
暴露，甚至进一步加剧。尽管我们仍处于这场危机之中，其长远影
响也依旧未知，但初步数据显示情况不容乐观。随着学校常规教
学活动的中断，父母被要求为子女在远程授课方面提供引导，同
时承担全天候的育儿工作。作为威达信集团（Marsh & McLennan
Companies）的子公司之一，美国人力资本咨询企业美世咨询
（Mercer）的数据为我们提供了一些参考：

- 双亲家庭中的全职母亲在新冠肺炎疫情期间平均每周花费在子
  女看护上的时间为22小时，同时在这期间她们还要正常进行自
  己的工作。

- 五分之一的在职父母表示自己或另一半正在考虑离开工作岗位
  来照看子女。

世界货币基金组织称：在新冠肺炎疫情和由此产生的经济衰退

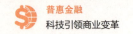
中，女性受到的冲击最为严重。加拿大2020年5月的就业报告显示：随着子女看护问题的持续存在，女性的就业率仅仅提高了1.1%，而同期男性就业率提高了2.4%。同时对于至少拥有一个6岁以下儿童的家庭来说，男性重返工作岗位的可能性大约是女性的三倍。

微软公司在《哈佛商业评论》上发布的数据也显示我们的工作时间正在变得越来越长、也越来越分散：

- 每周例会的时间总体增长了10%；

- 新式"夜班"开始出现：从下午6点到午夜的即时消息增加了52%；

- 工作与生活的边界正在变得模糊，同时更多的员工在周末加班。

此类工作状态不仅是不可持续的而且也会加剧工作带来的过度劳累。同时这也阻碍了本就来之不易的女性所获得的经济机遇，甚至进一步加大了女性在性别中的不平等，因为女性通常承担着大部分家务劳动。而这也仅仅是针对那些有条件进行远程工作的父母，并不是每个人都可以有这一选择。一些组织，如佛罗里达州立大学，则明确禁止员工在远程工作期间进行子女看护。此类政策通常基于错误的设想，认为相关的支持系统（如其他看护人或配偶）可以随时随地提供看护服务，而这类设想不仅仅早已过时，同时给女性及有色人种家庭带来了极大的负面影响。

根据皮尤研究中心的数据，美国是世界上单亲家庭儿童比例最高的国家，近四分之一的美国18岁以下的未成年人与单亲父母生活在一起，没有其他成年人照看。在美国全部单亲家庭中，单亲母亲家庭占据了主体，其中30%的单亲母亲家庭处于贫困线以下，双亲家庭所占比例为62%。而在有18岁以下未成年人的家庭中，父亲是家里唯一经济支柱的家庭仅占四分之一。

更糟糕的是，很多女性从事与健康护理相关的工作，此类工作在疫情期间几乎是必不可少的。由于她们无法享受到可负担的儿童保育服务，我们的社会正在逼迫从事此类工作的母亲们做出选择，是照顾自己的子女，还是为他人提供相关服务。而这些母亲难道真的应该做出这种两难的选择吗？

### 聚焦微软技能计划

从疫情中恢复过来的关键是帮助那些因为新冠肺炎疫情和经济下行而受到极大影响的人群，包括女性、低收入家庭以及少数族裔。

在2020年6月，微软公司宣布了一项旨在帮助全球2500万人获得数字技能的计划，包括在庞大的微软生态系统中免费访问内容——如代码托管平台（GitHub）、领英（LinkedIn），以及微软（Microsoft），进而为求职者提供行业所需的技能，并通过让求职者获得行业认可的证书和工具，使求职者更好地抓住工作机遇。该项目同时还包含2000万美元的现金补贴，资金主要用于全球非营利组织，其中包括那些美国境内由有色人种所领导的基于社区的非营利机构，以及那些致力于服务此类人群的组织。

　　而此类做法并非没有先例，例如我们在第一章中提到的"未来技能计划"。其他案例包括加拿大的工作分担计划（Work-Sharing Program），员工同意缩短工作时间，并在指定时间内共同完成一定量的工作；在缺勤期间参加技能培训的人员将获得薪资补偿。

　　想要更好地迎接当前的挑战，解决未来的需求，我们需要在教育和学习方面采取不同的方式。而企业雇主和雇员所扮演的角色也同样重要；企业需要与更多的私营、国营的企业合作，以确保每一位员工都能获得培训机会，特别是对于那些工作岗位易受自动化发展的冲击且无法获得其他新的工作机会的人群。当前的形势要求我们缩小在机会获得方面的差距，打造一条为每个人提供机遇的新路径。每个科技公司，无论规模大小，都可以从微软公司所牵头的项目中有所收获。

　　如今，人工智能在塑造社会结构方面所迸发的潜力空前巨大；它帮助我们识别社会中存在的不平等现象，明确我们需要面对的挑战，并更准确地预测可能发生的事情。科技在帮助我们打造一个和谐及尊重文化多样性的社会中扮演着核心的角色。通过技能学习和二次培训，我们能够创造更多机会，确保不让每个人都掉队。

——杰克·莱特（Jacky Wright），

微软美国公司首席数字官兼企业副总裁

## 打造未来工作的平等

尽管当前新冠肺炎疫情的发展趋势还充满不确定性，各大组织也在争相采取应对措施，但我们可以吸取很多教训，使未来的远程工作朝着更加公平的方向发展。为了减少干扰，一些企业设立了"安静日"机制。在这一天，他们鼓励员工休息或不参加会议，这样他们就可以集中精力工作而不受干扰。即便是在疫情之前，灵活的工作安排也非常重要，这使得为人父母的员工可以抽出时间来照顾子女；在当前疫情肆虐的背景下，很多学校取消了课堂授课，使人们对工作灵活性的需求进一步加大。无论父母是在办公室上班还是在家办公，对儿童看护进行补贴都有助于减轻在职父母的负担，特别是那些独自承担儿童看护责任的父母。企业必须充分考虑员工福祉，并充分认识到与工作时长相比，工作完成的质量才是更重要的。

对于很多担心自身健康或很难获得儿童保育服务的员工来说，一些高科技公司所执行的远程工作计划无疑是一个福音。无论疫情之后如何发展，弹性工作安排都应成为未来的工作模式。去中心化的劳动模式和允许员工在家办公的有利条件使企业可以更好地招募到本地的人才；对那些无力承担或无法实现搬迁的人员来说，此类工作模式具有巨大吸引力。

从政策角度出发，我们必须意识到子女看护的重要性及在职父母的各类需求，特别是对于弱势群体来说更是如此——包括单亲家庭和低收入家庭。当我们重塑一个更具弹性的未来时，我们必须将

人们对于可负担和可获得的子女看护服务的需求纳入我们考虑的范畴，当然还有带薪探亲假。我们需要具有包容性的经济政策，以保证更多的人能获得就业机会，并为我们社会的弱势群体扩大社会安全保障网络。这些问题并不只关乎妇女的权益；相反，此类问题的答案对我们经济复苏的成功至关重要。我们还必须在填补数字鸿沟和教育投资方面做更多的工作，让更多的人从数字经济中受益，在经济复苏的过程中为所有人创造一个更具包容性和更加公平的环境。数字包容就是经济包容，拥有数字化工具和技术已经不应成为一种期望，而应成为提高经济和社会流动性的必备要素。否则，我们在经济复苏的过程中可能使一些社区掉队，而此类社区正是那些可以通过技术实现平等和发展的区域。

### 聚焦数字夏洛特计划

"作为女王骑士学校加强夏洛特数字和媒体素养总体计划的一部分"，数字夏洛特计划于2011年推出。有关人士认识到向民众提供文化资源是促进夏洛特这座城市走向成功的关键一步。

作为夏洛特数字包容联盟（CDIA）的一部分，该方案主要由约翰·S（John S）和詹姆斯·L（James L）爵士基金会资助。该联盟致力于打造一个更加包容和平等的数字化未来，使夏洛特市的每个居民都可以获得信息技术服务，其最终目标是到2026年将梅克伦堡县的数字鸿沟从当前的19%缩小到9%。

2013年，哈佛大学和加州大学伯克利分校针对部分地区在家庭收入方面排在后五分之一的孩子向更高社会阶层流动的情况进行了一项研究，结果在被调查的50个地区中，夏洛特市的梅克伦堡县位列倒数第一。对于社会和经济流动性来说，宽带连接是重要因素。然而，根据夏洛特数字包容联盟的自评：大约20%夏洛特市的居民无法在家中连接到互联网，也没有办法在未来一段时间购买此类服务。这一现状也在联盟的数字包容性报告中被提到。此地互联网接入率是分布不均的，特别是在夏洛特地区的低收入家庭和黑人及西班牙裔人群中。

这份数字包容性报告以鲜活的方式概述了该地区的主要关注点、目标和相关举措，包括公共无线网络部署，针对祖父母一代和看护者的支持性计划——旨在帮助此类人群消除科技方面的阻碍、促进劳动力发展的多样化培训项目。

夏洛特数字包容联盟所做的重要工作为各地政府提供了蓝图。根据美国联邦通讯委员会的《2019年宽带部署报告》，美国有2130万人无法获得宽带连接。而当微软公司将那些网速极慢或不稳定的情况计算在内后，得出的结论是美国有1.628亿人无法以宽带的速度使用互联网，而这一数字已经超过了全美人口总量的一半。当前为偏远社区及城市贫困人口提供可负担的宽带连接、设备和数字素养培训变得日益重要，只有这样，此类人群才能够成为互联生态系统中的一部分。

## 不断拉大的贫富差距

在新冠肺炎疫情的冲击下，社会的贫富差距变得更加明显。在2020年第二季度之后，股市不仅回暖，甚至突破了疫情前水平的历史最高点。但是，我们需要牢记，股市并不能反映现实的经济状况，对于所有经济体都是如此。它仅仅体现了当前形势对我们所在的地区、邻近地区和企业的部分影响。inequality.org网站的统计显示，新冠肺炎疫情暴发以来，尽管美国的失业率一度创历史新高，但其国内亿万富翁的财富总额增长了8450亿美元，增幅达到29%。尽管这些数字令人难以置信，但不幸的是这并未让我们对当下经济形势感到惊喜，因为这些亿万富翁的大多数财富以股票形式呈现。

事实上，美国经济政策研究所（EPI）的一份独立报告显示：在2019年，一位CEO与普通员工的薪酬比率达到了320∶1；而在1989年，这一比例为61∶1；若倒推至1965年，该比率仅为21∶1。1978—2019年，企业CEO的薪酬增长率达到了惊人的1167%，而同期普通员工的工资增长比率仅为13.7%。与此同时，该研究所的另一项数据更加令人震惊，即企业高层薪酬的增长比率甚至超出股票市场的增长速度。这也可以解释为什么自上一次金融危机爆发以来，收入最高的1%群体能够从中最先恢复，其原因便是股票价值和其带来的利润的剧增。而当下，员工收入与高层财富增长的不平衡趋势正在日益凸显。

## 复苏的来源

新冠肺炎疫情使保持社交距离和采取居家隔离措施成为一种常态化需求，导致经济下行，同时也改变了消费者的行为习惯，这给零工经济工作者的财务状况带来了巨大压力。正如我们在之前章节中所提到的，像网约车司机和快递员这样的零工经济工作者经常面临收入不足的情况，由于缺少财务储备，在面临经济冲击时往往更容易受到影响。同时，此类冲击也在全球范围内广泛存在。

投资公司Flourish Ventures针对全球零工经济工作者进行了一系列研究，并出具了名为《数字化的喧嚣：零工经济工作者生活面临重压》的报告，从中我们可以感受到零工经济工作者的生活困境。

首先，超过三分之二的巴西零工经济工作者目前每月收入低于200美元，与疫情前低于10%的比例相比，增长了8倍。

- 自2020年3月采取居家隔离措施以来，近90%的零工经济工作者失去了收入，78%的人表示其生活质量出现下降，主要原因是收入的降低和消费能力的不足。

- 在面临困境时，很多零工经济工作者正在减少消费，同时动用储蓄来维持生计。然而，也有近半数的零工经济工作者表示，"一旦失去主要收入来源，在不通过其他渠道进行借贷的情况下，其现有的储蓄将无法维持未来一周的开销"。

其次，在印度，近87%的零工经济工作者在疫情期间的月收入低于200美元，而疫情前这一比例仅为10%。

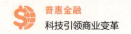

- 女性在零工经济中仍处于弱势，主要原因是获得数字网络科技服务的机会不平等以及在女性劳动人口中的占比不足。

- 过半数的工作者在失去主要收入来源后可以在不通过借贷的情况下依靠储蓄维持一个月以上的家庭开支。

再次，印度尼西亚的调查结果也显示现状不容乐观。从家庭健康服务者到共享出行服务人员，零工经济工作者的收入在疫情期间明显降低，79%的相关工作人员每月的收入低于100美元。而有趣的是，与其他经济体不同，印度尼西亚并未出现明显的性别差异。正如我们所料，58%的受访者表示，在失去工作后，若不通过借贷，其当前储蓄将无法支撑家庭在未来一个月的开销。与疫情给个人健康带来的影响相比，这些零工经济工作者往往更关心疫情对他们生活状况的影响。

最后，同样的情况也出现在南非的零工经济工作者身上。报道显示，在当前该国零工经济工作者中，五分之四的人口每月收入低于240美元，而疫情前这一比例仅为16%。

- 76%的受访者表示其收入出现明显的下降，其中受冲击最严重的便是网约车行业。

- 近60%的零工经济工作者表示，一旦失去主要收入来源，他们便无法在不借贷的情况下承担未来一个月的家庭开支。

从解决短期困境来看，零工经济工作者需要获得收入来满足其日常需求——包括债务偿还和养家糊口。然而，从长远来看，他们在未来更加需要金融安全。为此，他们需要学习新的（与数字相关的）技能、开创自己的事业以及通过相关渠道来更好地规划自身财务状况，从而更好地应对各类突发状况，同时为自己的老年生活提前做好准备。

这场疫情让我们明白了一个道理：我们的生活和生计需要更多的弹性资源，我们需要在社区内部进行更多的合作；同时我们要致力于为更多人打造基于同理心的帮助，使他们在面对之后更为险峻的困境时仍能从容面对。而想要做到这些，我们首先需要对小型企业提供支持帮助，还要为其提供更广泛的创业渠道。

## 社区生命力的重新定义

小型企业是全球经济的支柱。在中国，小微企业占所有经济实体的94%，雇佣劳动人口占该国人口的70%，仅2016年，小微企业对中国GDP的贡献就超过60%。在2018年，中国共有超过6000万家个体工商户。然而，其中很多企业由于规模相对较小而无法获得较为完善的银行服务。

美国的情况也与此类似，根据美国小型企业管理宣传办公室的统计，小型企业占该国全部企业的99.9%，雇用了近6000万美国人口，对经济活动的贡献率达到44%。其中，绝大多数（78.5%）企业（独资企业）没有雇用职员。由于新冠肺炎疫情给经济环境带来的冲击，小企业正面临着一系列挑战，根据美国独立社区银行协会

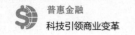
（由美国小型银行构成的主要贸易集团）的统计，76%的美国小型企业出现了现金流短缺的情况。

然而更糟的是，根据纽约联邦储备银行的统计，与那些白人所有的企业相比，黑人所有的企业受到的影响更为严重。究其原因，除了早已存在的经济鸿沟和资金实力薄弱外，黑人在申请银行纾困基金时受限也是造成这一结果的重要原因。在贷款方面，银行并未将资金引入那些需求最为迫切的地方，以一项由美国政签署的小型企业救助计划PPP（薪资保障计划）为例，其贷款的对象往往是那些与银行关系较好的公司；对于一直以来与银行关系较弱的黑人及拉丁裔经营的企业，其在贷款获取方面与其他银行存在显著差距。因此，纽约联邦储备银行的统计也显示，在那些拥有较多由黑人经营的企业的州中，2020年此类贷款最终只惠及了全部符合资质企业的20%。同时，在那些黑人企业活动频繁的县中，援助性贷款的惠及率通常低于20%。

根据全球政策解决方案中心在2016年出具的报告，即便在疫情之前，美国政府也对大约110万家由有色人种经营的小型企业采取放任自流的态度，主要原因是过去和现在存在于美国社会的种族歧视。而这些消失的企业本可以创造900万个工作岗位并为美国增加3000亿美元的国民收入。

我们需要打造一个使所有企业家都能够蓬勃发展的包容性社会——不论其肤色和社会经济地位，都可以获得成功的社会；这不仅仅有利于推动社会公平，也有助于推动经济增长，使少数族群拥有的企业得以为社会的发展及恢复贡献更大的力量。通过从不同角度审视企业家身份，我们可以发现，社区内部针对企业和相关应用的偏见是如何形成的；同时我们从中了解到，为什么领导者们为有色人种群体和社区（经常被忽视）打造公平机遇是如此重要。

## 打造更多的机遇之"谷"

在资助、建立及孵化相关创意产业的过程中，选址非常重要。为了打造更多的包容性企业，为更多本地社区解决困难、满足需求，我们需要借鉴那些帮助硅谷在几十年来稳坐世界创新中心的经验，使更多的城市、地区成为机遇之"谷"。我们需要着重考虑以下几点：

- 风险投资；
- 基础设施建设和技术；
- 大量的高等学府和研究机构；
- 政府的激励措施；
- 多元化和高素质劳动力的获取。

同时在世界很多地区，人们并未复制硅谷模式，转而拥抱旧金山大湾区的成功理念及要素，并将其内化，例如犹他州盐湖城"硅坡"高科技园区（对于其主要创建者MX公司，我们将在第八章进行详述）。此外全球还有数百个城市和地区也在进行人才、资本的争夺战；同时，这些城市及地区在整合数千家初创企业的创意方面也给予了足够的重视。此类初创企业的发展区域包括东京、新加坡、中国香港、深圳、北京、班加罗尔、特拉维夫、斯德哥尔摩、莫斯科、阿姆斯特丹、柏林、巴黎、里斯本、伦敦、波士顿和纽约。很多此类城市都借鉴了硅谷模式的元素，以此来吸引更多的初创企业。

以中国"粤港澳大湾区"为例，该区域成为企业与政府合作的展示窗口。此大湾区由中国香港特别行政区、澳门特别行政区以及广东省的九个城市构成。关于该区域的建设目前仍在进行当中，包括一个为促进人工智能等前沿科技发展而建造的创新技术中心；大湾区的建设可以有效地利用香港的人才优势以及其金融中心的地位。

在这方面的另一个案例是创新企业加速器"创始人工厂"（Founders Factory），其在伦敦、约翰内斯堡、巴黎及纽约设有办公室。该加速器主要与企业创建者接洽来扩大企业规模。有趣的是，这一模式将创业工作室和企业孵化器的角色结合了起来。创业工作室帮助创业者从零开始实现他们的创业梦想，此外，创业者也可以申请参与"创业者工厂"现有的一些项目。在成功申请创业工作室后，创业团队将获得一笔10万英镑的启动资金，同时在"创始人工厂"内部导师团队的指导下进行为期六个月的运行。其加速器帮助那些已经有产品问世的企业获得额外的吸引力并寻求额外的资金。此外，"创始人基金"（"创始人工厂"为初创企业提供的种子基金）也同Avica、easyJet、L'Oréal 和 M&S等11家企业展开合作，帮助它们在其各自的市场中形成相关创意；目前已经成功地帮助了一批初创企业，如旅行应用软件BRB（Be Right Back）、鲍尔集团（一家提供家庭及个人护理产品的电子商务平台）以及有声读物软件Entale。

对于更具多元化创意和更专注于社区的初创企业来说，在大城市之外寻找投资机会的势头似乎也越来越强。作为伦敦投资公司Green Shores Capital的合伙人，以及《企业中的量子计算和区块链技术》的作者，阿伦库马尔·克里希纳库马尔（Arunkumar Krishnakumar）对其中的机遇做出如下评论："作为一名风险投资家，你总是在寻找一个让你'一夜暴富'的'聚宝盆'。从投资者的角度来看，这就像大海捞针。在我看来，在小城镇做生意更为有趣。它们通常不太完美，但令人耳目一新，而针对此类地区的问题的解决方案往往需要因地制宜。单纯从投资角度来看，小城市初创企业的估值可能更具吸引力。而对投资者来说，将这些初创公司排除在外，就相当于白白放弃了巨大的潜在利润。"

正如阿伦库马尔指出的那样，大都市圈以外的城市往往更加有吸引力。为了应对东京、纽约或香港等地区日益上涨的生活成本，大都市圈以外的城市越来越受到创新型初创企业的青睐。在此，我们选取一例进行介绍——位于美国南部阿肯色州小石城的风险投资中心。

### 聚焦Venture Center

Venture Center是位于小石城的一家非营利机构，其主要使命是推动阿肯色州的社会和经济变革。2014年5月，一批企业家及当地的行业领袖联手创办了这一组织，其目的是发展及培育科技初创企业并吸引相关人才，从而推动阿肯色州中心及周边区域的发展。

当前通过与美国独立社区银行协会及金融科技供应商富达国民信息服务公司（FIS）合作，该组织共拥有两项金融业科技加速器项目。根据Venture Center自身的数据显示，通过其庞大的导师网络和接触金融服务业高管的渠道，它的项目已成功帮助其加速器服务的企业在私募股权中筹集了超过2.5亿美元的资金，自2014年以来为其客户创造了超过1亿美元的收入。更为重要的是，该项目成功地证明了创新可以来自社会及生活的各个方面，而创新模式也往往更具特色。

通过从传统的社会银行业中汲取经验以及打造以人为本的人工智能，Venture Center的项目所打造的多样化群体在获得曝光率及走向市场方面取得了进展；同时，为金融机构带来新技术，对其所服务社区的相关领域产生了切实的影响。其成功案例证明了除硅谷模式外，其他形式的商业模式也可以取得成功。

## 人与人、人与物的联系

当前的全球疫情也许预示着我们即将迎来一个新的时代。届时，我们工作和领导力的价值将主要通过自身所处社区的改善程度来体现。想要成功建设一个不同的未来，一个更加平等的未来，我们需要认识到自身的独立性，以及我们生活中的各类大小事物间的广泛联系。只有这样，我们才能更好地抓住隐藏其中的机遇，并加以利用。

尽管在我们的生命中，我们都会建立人与人之间的联系。但事实是，这种人际关系通常是不可见的，也是不可预见的，这包括我们所看到的、感知到的，以及那些所有诞生于人类之前的事物。我们的社区也是如此，其包括个人、家庭、小企业以及商业模式等当代社会的构成要素。我们的经济系统、价值观和信仰也都随着时间的流逝而联结在一起。生活永远都不是关于某个个体，我们也需要据此找出新的发展模式。

## 不浪费、不奢望

"永远不要浪费一场好的危机"，这句话经常被认为是表现了丘吉尔在第二次世界大战结束的背景下，以及他所领导的英国在与美国和苏联共同击败法西斯时的乐观心态。对于领导者来说，这一简短有力的陈述却让人感到其中有些矛盾。一场危机能带来什么好处呢？危机难道不是因为没有益处才被称之为危机吗？危机催生了一种紧迫感——也正是各类问题推动我们一次次地做出回应。

像当前新冠肺炎疫情的危机，或是像大萧条这样的经济危机，都会迅速引起我们的注意，并开始寻找解决问题的办法，同时从当前的危机中汲取经验来更好地为未来发展提供指引。除此之外，我们别无选择。各行各业的领导者都在思考如何让自己的公司变得更强大。投资者也不断对行业的长期发展进行评估，并最终实现盈利。科技企业和初创公司从危机中找到了提高效率的新方法，并借此形成新的商业模式和新的企业飞轮。

对于本次疫情我们也应该采用同样的方式对待，而不应浪费它所带来的机遇。面对当前形势，我们既要感到紧迫，又要充满乐观。随着可用资源的增加，随着政策灵活度的提高，我们又可以从中看到什么机会呢？在类似新冠肺炎疫情的危机中，商业领导者对其给予着高度的关注，其采用的回应方式也更加可行、更具创造力。这也是为什么每次危机过后，我们总能看到一些新的企业出现。诸如此类的特殊时期给我们带来了不同的思考方式。在危机中，那些平日里不可能实现的设想常常会变得非常可行。

新冠肺炎疫情使当前成为最为紧急的时刻，也是一个让行业领导者重新思考商业意义的时刻。此次疫情为我们提供了挑战当前形势的机遇，受冲击的对象包括关于社会的各类设想，也包括我们自身生活和工作的方式，同时也涵盖了各行各业的行为活动，各类品牌和领导力。

从一个安全且保持社交距离的环境中放眼望去，我们可以想象一个比今天更好的世界吗？我们可以想象一个更美好的未来吗？我们可以想象领导者的付出吗？当前的新冠疫情为我们提供了一个机会来实现救赎，同时我们可以采取多种多样的方法来为社会创造价值而不是继续从中索取。这一次，我们的领导者能否为大众创造更多的福利呢？如果我们可以采用新的思考方式，我们的社区将会重建地更好。在这一方面，本次危机为我们提供了绝佳的机遇，我们不应该任其流逝。

第八章

# 向前的道路

共同愿景并不是一个想法，而是藏在人们心中的一种力量……其最简单的形式便是对"我们想要创造什么？"这个问题的回答。

——彼得·圣吉（Peter Senge）

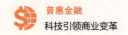

## 通过不可能来实现可能

随着我们商业环境的变化，我们也面临着新的挑战和机遇，在这一背景下，领导者又该如何打造更为广阔的思维方式和解决方案来帮助社区中更多的人口实现发展呢？我们又该如何打造一个可以让不可能成为可能的环境呢？我们如何从充满未知的时刻走到充满乐观和希望的时刻呢？答案是善于倾听，我们要格外留意周边的环境，并在其中找到真正的目标。

变化不会凭空发生，但有时仅仅需要一个火花。当你发现自己的目标并充满热情地追寻时，你就更有可能成为推动变革的一分子。不论是在一百多集的"同一愿景"播客的创作期间，还是在撰写本书时，我们都有幸同诸多初创企业领袖和大型公司领导进行交流。在所有这些催人奋进的谈话中，有一些珍贵的品质在其管理企业和追寻使命的过程中一直存在。

首先便是要具有同情心和好奇心。大多数受采访的企业领导者表示他们总是在不断地学习和成长，以进一步了解和满足他人的需求。他们对于自己目睹的不平等现象尤为担忧，也对那些不易引起关注的、处于社区边缘的人群充满关切。其次是善于进行反思并将问题与自身建立联系，进而找出应对策略。在关于这方面的对话中，我们听到了他们提出的一些建议，例如通过支付和信用手段解决金融包容性问题，使政府的福利计划更加高效的方法，以及为老人提供更多预防金融诈骗的自动保护机制。

在每次访谈中，我们都会发现一些影响到全人类的问题，不论其产生的影响是直接还是间接的。同时我们也共同认识到我们是互相联系的一个共同社会群体，每个人都扮演着重要的角色。在每一个被讨论的措施和每一个关于个人的问题中，受访者都强调拓宽思维的重要性，并强调要采取切实的举措来改善他人的生活。在本书的创作中，我们也将其中一些案例应用进来，希望找到促成商业领导者形成此类目标的"火花"。这些例子也说明了积极主动的重要性。我们必须承认，我们的组织和社区需要充当一个由互联系统构成的有机体。对于一些元素我们必须予以回应（如我们当前所经历的全球疫情），但同时也有其他需要我们付诸行动的地方——例如人口老龄化，此类问题就像一个缓慢袭来的风暴，我们需要对此引起足够的重视，而不应该只为自身利益而躲避。我们要为那些在这一过程中无处藏身的人群考虑。这也是我们在本章所关注的问题。当我们对营造新型商业气候和打造具有能动性的新型领导方式展开持续讨论，一些之前似乎是不可能成功的方案正在变得可行。

### 系统性的经验

随着变化成为常态，各层级的领导力都必须更具前瞻性和包容性。这也是企业领导如何在不全面统领的情况下实现对公司引领的方式，也是社会中各类角色的人影响他人的方式，同时也是我们确保每个人的声音都被听到的方式。我们每个人所扮演的主要角色都在一个更大的变革系统中被定义，不论我们想要改变的是大而复杂的问题（例如满足日益增长的老年人口的需求）还是小而具体的问题（替为人父母的人寻找疫情期间帮助子女进行远程学习的方式）。我们如何引领他人固然重要，但更为重要的是谁来带领我们。

我们可以从由"系统性领导力"（也称为集体领导力）概念衍生出的实践中学到什么呢？这又能如何帮助我们去更加有效地改善社区呢？世界经济论坛将系统性领导力定义为由三个关键要素构成的集合：个人（具备集体领导力技能）、系统（具备复杂的系统洞察力）以及社区（具备成形的联盟和宣传策略）。这些被称为"系统领导者"的人群，集合了众多我们对于优秀领导构成要素的定义，包括打造反应迅速的组织和框架的能力，激发并驱动变革的能力，执行前瞻性思维活动的能力。"与传统意义上的领导不同，系统领导者往往更加谦卑，他们是很好的聆听者，同时也是身怀绝技的企业推动者；他们能够与利益不同、想法各异的股东共事。系统领导者在各类企业活动中通常能起到推动、促成和支持的作用，而不是始终将自己置于聚光灯下"。

同时"系统领导者"的能力还不仅局限于在更多元化的群体和更广泛的需求之间达成共识。这些领导人有能力召集所有利益相关者，并与他们共同致力于解决复杂的问题（让更多的团队参与变革对他们的成功很重要）。他们对于事物之间的联系以及拓宽眼界解决问题的重要性有着充分的理解。他们鼓励所有利益相关者参与其中，使其致力于为实现共同利益而奋进。

系统领导者在各类行动中充满责任感，进而确保企业的成功可以惠及更多人群。他们专注于共同创造一个更加美好的未来，并积极寻找满足每个社区需求的方式。此类领导者关注整体的福祉，通过积极聆听来建立更加广泛的联系，同时致力于建立充满信任、互相合作的网络。在现实的企业行动中，我们一次次地见证了此类领导力，正如本书中对此类领导力的定义：一种新式的、关注整体环境及联系的领导力。

## 工作中灵魂的激荡

在系统性领导力的原则下，我们可以通过对基于集体劳动的产品进行描绘进而建立一种相互联系。这是一种从更深层次帮助你明确自身角色的方式，也让你对企业或行业所带来的影响有更深刻的认知。艾伦·布里斯金（Alan Briskin）所著的《工作中灵魂的激荡》（*The Stirring of the Soul in the Workplace*）是一本关于企业发展的书，书中表述了我们可以在工作中如何对自身进行了解：磨炼自身的经验能力需要我们具备像考古学家那样的技能，即一种可以探索自我并对所发现的内容进行质疑的能力。随着我们对自我的深入探究，我们会不断发现过往的经历、当前的行为以及未来的选择之间的联系。我们寻找其中意义的能力也会不断提升。

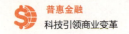
　　尽管将工作与人生意义或价值进行连接（或者在工作中创造意义或价值）主要是一项个人的行动，但是很多企业也已经努力在这一过程中对员工予以帮助。布里斯金将其视为一种个人的义务：我们每个人都应该为工作中的更大目标而奋斗。在这个与内心相连的世界，我们的共同努力变得异常重要。我们在工作中的心态与最终产品的好坏以及我们为更大意义上的社区所提供的服务密切相关。

　　人类社会是相互联系的有机生态网络，而工作也成为这种关系中的一个（重要）部分。我们必须开发更多的机遇将人与人之间的联系注入我们的工作中，使其成为我们改善他人生活的积极推动因素。但是我们又该如何真正地唤醒存在于工作中的内在核心价值呢？我们该如何看待这种共生关系并打破当下的固定规范呢？

　　彼得·圣吉（Peter M. Senge）是系统管理学倡导者及《第五项修炼：学习型组织的艺术与实践》一书的作者，他将系统性思维的定义为"一门关注整体的学科"。这是一种观察相互关系而不是事物本身的框架，是一种观察变化模式而不是静止的"快照"。它是一系列通用原则的集合……同时系统性思考是一种感性思考力——因为微妙的相互联系赋予了生命系统独特的特性……系统性思考也是很多人在感到无助时的良药。其中的秘诀是要突破这些陷阱、消除心理界限并超越它们。

　　为了让了解我们的工作与更大目标的联系，圣吉建议我们应该消除空间性盲目感（只看到部分而未看到整体）和暂时性盲目感（只看到当前而没有看到过去）："现实是环形的，而我们总是以直线的方式看待问题。"很多人已经从内心对此有所感知——我们所打造的不仅仅是一项功能，而是一种更大的目标。当越来越多人获得表达的机会并发出自己的声音时，我们将能看到更大规模的社会变革。圣吉也提道："在共同愿景的指引下，我们更容易将自己的思考方式展示出来，而不再隐藏自身的想法，同时我们也将意识到个人和组织的各类问题。与我们所想要创造的事物相比，所有的问题似乎都变得微不足道。"正如罗伯特·弗兰兹（Robert Fritz）所说："有了伟大的愿景，琐碎的问题就会消失。反之，当缺乏伟大的愿景时，各类问题都会出现。"我们必须敢于打造梦想，同时根据这些梦想，推动必要的改革。

　　我们必须在组织自身行为和打造更好未来方面做出改变，努力建设一个以人为本的未来，确保没有人掉队。同时，关于未来的选择是我们共同做出的。作为人类，我们能够完成这一目标。

——帕特里克·里文巴克（Patrick Rivenbark），

Rivenbark集团负责人

## 聚焦金融科技供应商MX——一种目标文化

　　在我们思考创业故事和文化时，没有哪家企业比MX更具典型性。MX是一家金融科技供应商，位于美国犹他州的"硅坡"。其中不乏有远见的专家，如莱恩·考德威尔（Ryan

Caldwell）、布兰登·德维特（Brandon Dewitt）、内特·加德纳（Nate Gardner）、詹姆斯·多特（James Dotter）以及其他相关专业人士，他们共同代表并塑造了MX的企业文化和核心价值。其创业的故事与发生在硅谷的各类案例有很大不同。

MX公司于2010年创立，彼时全球金融危机刚刚结束。其使命是推动世界在金融方面变得更加强大，同时为金融服务行业带来一些不同——使其变得更好。这是一个惊险大胆的目标，对于一个商业模式主要依靠收取客户费用的行业来说更是如此。MX帮助企业以更加清晰的方式对金融交易进行净化、聚合及呈现。这使得其所服务的银行及信用合作社可以更加充分地理解其客户和成员的金融状况并更好地帮助其进行财务管理。

MX公司首席客户官内特·加德纳表示："金融机构在道德上必须始终推动人类进步，成为用户的指导顾问。"鉴于此，对于MX公司来说，其创始人的观念模式得以成为企业核心价值之一也就不足为奇。

"舍我其谁，当机立断"，解决大大小小各类挑战不仅是MX公司核心企业文化的一部分，还反映出了团队中个人性格的一部分——将企业宗旨置于利润之上，按照社会发展来构建坚实基础的敏锐直觉。

做出有目的的贡献意味着关注一些超越短期经济利益的方面，而不是为了追求短期利益而牺牲长期规划。MX首席财务官詹姆斯·多特（James Dotter）表示："成功不应仅仅基于货币角度进行评判；企业应该聚焦企业宗旨和价值创造——重新定义企业目标，从金融中介机构转型为真正的金融服务支持者。"对于那些在一定程度上仍依赖风险投资的初创企业来说，想要做到这一点并非易事。MX公司联合创始人及首席技术官布兰登·德维特（Brandon Dewitt）在谈到这一点也表示："企业管理者必须思考，是要成为建设者和执行者，还是做一个坚守宗旨、为客户服务的企业家？"

对于企业来说，拥有一批拥护企业宗旨的投资者与拥有一批价值观相同的员工同样重要。当你开始衡量企业对社会、消费者和行业的贡献时，会发生什么呢？

在实践中，这意味着你可以组建一支优秀的团队，一支可以进行激烈讨论、但不断向前的队伍；这意味着充满激情地创造一些真正有意义的东西，并通过创新推动人类社会向前发展；这意味着拥有一种健康、稳健的文化来实现更多的善举——一种与企业核心价值高度结合的文化。构建有意义的东西是一项艰难的工作。但正如MX公司向我们所展示的那样，即使是在当今这个数字化的世界中，它依旧可以成功。

我不知道如果当时没有这些拥有共同价值观和影响世界决心的特立独行的人，我们是否还能拥有今天这样的公司。

——莱恩·考德威尔，MX公司创始人及CEO

## 推动社会福利的技术与投资

当我们在思考系统性领导力如何帮助我们在工作中培养更深层次的联系和意义时，我们不得不谈起另一种类型的系统，它是最伟大的社会推动力之一：无所不在的科技力量。尽管我们已经就科技对社会福祉的影响给出了例证，但在我们的生活和劳动中，科技对每个人的影响始终存在。

从保持常亮的手机屏幕到各类注意事项的预先通知，这些科技应用对我们的日常生活和我们对未来的看法产生了极大的影响。当前对于各类社区的来说，其面对的主要问题早已不是"技术能否被用来为社会服务"，而是"为什么我们无法推出更多的科技应用来解决社区的切实问题"。我们完全可以创造出更多产生持续价值的应用，而不仅仅将目光局限于娱乐行业。我们该如何打造能够帮助更多人的具有创意性的手段呢？对这一问题的回答要从风险投资开始，以及我们多次提到的共同选择问题——我们该从哪里入手，以及选择什么样的技术和服务来完成目标。

### 强大的根基

很多关于创业的故事——特别是那些在硅谷、伦敦以及其他大型创新中心城市创立的科技企业的故事，都使读者误以为这些企业的成功及其成就，都归功于过去某一时刻一些节点的相互连接和作用，进而使成功来得势不可当。而现实生活并不像此类故事那样完美。硅谷或任何一个国际化创新中心的企业在其建立过程中所经历的事情往往与此类故事相反，也充分暴露出此类故事中存在的排他性、偏见和盲点。同时很多企业往往并不一定代表我们社区的广泛需求。这也是为什么我们在重塑未来方面需要新的不同的故事。

在创立企业的过程中，推动个人财富增长不应成为唯一目标，但从大多数风险投资的案例中，我们都看不到这一点。那些帮助全球性科技企业取得如今这样巨大成功的天才团队还可以为社会多做点什么呢？这里，企业的成功不仅仅指其规模、财富的扩张。同时，如果我们在工作中只为逐利，如果社会将利益作为根本，那么人类就会面临很多问题（也许我们已经处于这样一种窘境了）。企业不应将注意力全部放在如何将商品销售给客户上，不应只知道推送广告和窥探客户的个人资料，为自己的利益服务。

什么时候我们才能将更多的注意力从创新转移到为社会创造福祉，从而帮助我们的社区以及周边的人？什么时候我们的商业模式和行动可以真正与我们的价值观保持一致呢？我们必须少说多做，用实际行动证明我们可以做的还有更多。

## 资本的成本和机遇

所有的企业不论大小，都有一个相同的起点。在《从优秀到卓越》一书中，吉姆·柯林斯也提到大多数企业在其发展过程中会逐渐形成符合自身情况的刺猬模式，即通过某一原则或理念来指导企业行为、克服困难。而这也成为企业形成规模、抵御竞争、发展自身"飞

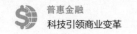
轮式"商业模式的核心力量。越来越多的情况表明，此类核心力量通常以技术为其商业模式的核心，同时依赖风险投资来实现发展。

2010—2019年，各类风险投资金额共计超过1.5万亿美元。而根据Crunchbase公司的数据，仅2019年，全球风险投资总量就有近32800笔，产生的总投资额约2948亿美元。而在2018年，这一数字更是达到了3220亿美元，投资数量为31931笔。这其中每一笔投资都代表一家公司获得了投资，寄希望于这些投资中有足够大的比例可以通过某种渠道获得递增式的回报——不论是通过一场收购还是通过首次公开募股让公司上市。

对哪种创意产业和哪些创始人进行投资非常重要。当我们对那些为社区做出更大贡献，更好地服务于大众福祉的商业模式的认知不断清晰时，风险投资中出现的那些偏见所产生影响也变得尤为重要。机会成本在其中体现得非常明显，主要表现为能够获得投资的对象（当前主要的投资者和被投资人都以白色人种和男性为主）和创业成功机遇这两方面的差距。因此，此类决策（投资哪些企业）往往是基于一定程度的偏见做出的，并且只关注利润。即便在情况得到改善后，我们也需要对这一点有清晰的认知。

试想你最近一次在网上搜索文章或图片时的情景。很有可能当你输入"成功的企业家"或"领导力"时，屏幕上显示的大多是一些白人男性的面孔。尽管我们的世界也不缺乏成功的女性企业家，抑或是一些黑人、亚裔以及拉丁裔成功企业领导者，但他们在媒体、数据或印刷刊物中的出现频率相对较低。这种偏见也悄悄渗透到自动化系统和算法中，这些系统和算法通过扫描更多有偏见的数据来学习，进一步强化了对我们社会中某些群体的歧视。这一情况将对我们的社会发展产生了不利影响，也不符合前进道路上需要凝聚更多力量的要求。

对于社会来说，如果真正好的创意由于不被投资者看好、或不符合投资者的商业模式或想法而无法获得投资，社会在其中也会遭受损失。同时，对于边缘化群体来说，如果其需求被认定为不值得投资，即使已有相关的解决方案，可能也难以实施。对于那些来自弱势群体的企业创建者，我们可以看到此类故事一次又一次地发生。

如果我们可以将注意力放在更多推动企业发展的激励措施方面，从而加强社区的金融健康度，并使更多人收益，情况又会有什么不同呢？由于经济方面的成功和更好的经济保障对身体健康、寿命的延长和代际成功都具有重要影响，更好的金融服务将显著改善我们的生活。

对于那些有利于改善社会状况的企业必须进一步激励，进而更好地对抗现有的交易型资本主义模式；在当前模式下，利益往往惠及少数人群且以牺牲大众的需求为代价。而想要根除当前投资方式的负面影响，我们需要从地方到国家层面、从私营到公有领域打造完善的领导力。为了在社区内部打造一个更具包容性的商业环境，我们需要做到以下几点：

- 在少数族群社区和其创办的企业中加大资本投资力度；
- 提供技能二次培训和终身学习机制；

- 提高透明度，进行资本投资相关报告；

- 打造致力于鼓励多样化企业和促进地方发展的税收政策；

- 要求企业提供培训方案，在人才招募和薪酬待遇方面保持透明，充分体现多样化；

- 鼓励将创业作为教育的一个途径；

- 打造教育和学习的多样渠道；

- 对地方创新中心提供物质激励措施和投资；

- 鼓励更多公私领域企业进行合作。

## 言行一致

在我们前行的道路上有很多闪光点。我们目睹了不少公司正在依靠新一批的风险投资公司进行融资，以Flourish Ventures企业为例，其合作伙伴与赞助商专注于全球和社区内的大众福利。这些企业将精力集中在利用科技为社区提供更多服务，同时将企业目标与其团队的关注点相结合。我们还看到，领导力的定义正在更新，我们的领导者正在不断学习与吸收新时代新形式的商业道德。

与之前以自我为中心的银行和以自身财务状况为主要关注点的行业相比，金融科技企业正在通过加强包容性和提高金融服务获取度的方式来实现外向型发展。

——米歇尔·蒂维（Michele Tivey），

Payometry公司联合创始人及CEO

虽然对企业宗旨的追寻是一种新的趋势，但其往往超出了企业的既定任务。企业必须愿意检查自己的盲点，言行一致，执行新的愿景。以下是一些按照新的标准来实现自身发展的案例。

## 聚焦Project100项目

关于该项目的介绍，让我们从吉姆·陈（Jimmy Chen）开始说起。作为总部位于纽约的金融科技初创企业Propel公司的CEO，他的企业曾经通过 Fresh EBT应用软件来帮助补充营养援助计划（SNAP）的用户检查食品券余额。新冠肺炎疫情对低收入家庭的冲击尤为严重，大约80%的在职人员在疫情期间收入骤降，该软件过半数的使用者表示自己每周只有够维持几天的食物和（或）钱。

在疫情暴发后的几个月内，当时很多美国的城市被封锁、企业也被迫破产。彼时Propel公司便联手公益组织GiveDirectly和Stand For Children推出了Project100计划，其主要目的是为10万个急需帮助的家庭筹集100万美元的资金，而贫困家庭的评判标准是通过其自身的用户数据库进行判定的。

最终，该组织不仅仅提前两周超额完成目标，还借此将活动的规模扩大，进而为更多低收入家庭减轻了开支压力——这一计划被称为Project100-Plus计划。这也是到目前为止在美国国内发生新冠肺炎疫情期间最大规模的私人直接支付倡议。

人们只有在理解了问题之后才可以更好地解决它。当前美国的现状是，那些拥有途径创办企业或者能够进入大型银行并开始运行一项计划的人群，通常来自特定的背景，而这一类人群并未代表美国绝大多数人口的现状，对于低收入家庭来说这一情况尤为凸显。

——吉姆·陈，Propel公司创始人及CEO

Propel公司的故事以及其他不胜枚举的此类事件，充分证明了科技的力量不仅仅可以提高企业效率，还可以为社会做出善举。同时Propel公司也是第一批金融解决方案实验室（Financial Solutions Lab）的成员之一，该机构由金融健康网络（原名CFSI）管理——摩根大通集团（JPMorgan Chase）是其创始合作伙伴。根据金融健康网络的说法，金融解决方案实验室的使命是培育、支持各类创新型初创企业并使其具备一定规模，同时其也致力于改善中低收入人群以及长期被忽视的群体的金融健康状况。

## 聚焦金融健康网络

金融健康网前身为咨询公司CFSI，是一家成立于2004年的非营利组织，其理念是企业能够提供负责任、高质量的金融产品和服务，同时实现企业盈利。而之所以更名，是为了反映其服务对象范围的扩大——不再局限于金融服务行业，雇主、医院和高等教育机构也被纳入其服务范畴。

在过去的七年，金融解决方案实验室，作为一家资金规模达6000万美元和拥有10年历史的科技公司，取得了显著的成就。而该公司主要由金融健康网络公司与其创始伙伴摩根大通集团合作管理，并得到保德信金融集团（Prudential Financial）的支持。在公司发展的前五年，金融解决方案实验室的目标是推行其金融健康议程。在之后的五年中其主要发展方向为推动包容性经济复苏，同时利用金融科技和创新的力量来帮助弱势群体建立抗风险能力和提高金融健康水平。

根据金融解决方案实验室的数据，当前已有超过200家非营利组织和金融科技组织被选入其项目当中。金融解决方案实验室加速器在其成立的六年间，已经帮助了40多家初创金融企业围绕金融健康开展业务，累计已为1000万客户提供了金融解决方案，其中过半数客户为中低收入人群。总体来说，凭借金融解决方案实验室提供的相关方法，消费者累计节省的金额超过20亿美元。

除了经营加速器项目，金融解决方案实验室同时也管理着一家非营利金融科技交易所（有150多个组织注册加入其中）这使非营利组织和金融科技供应商能够建立合作并打造具有高度影响力的伙伴关系。迄今为止，这家非营利的金融科技交易所已为16家非营利金融科技合作伙伴提供了超过85万美元的补助金，此举的目的也是在金融科技领域打造更高水平的包容性。其中一些金融科技实验室的投资组合公司如下。

### Even公司

帮助用户减少对发薪日贷款的依赖，提供平台来增强消费

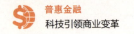
者的信心，并提供实时信息来帮助消费者做出明智的财务决策。

### HoneyBee公司

这项服务允许雇主为雇员提供一周的免息工资以及财务指导。

### Nova Credit（跨境信用报告服务企业）

提供信用评分解决方案，方便移民在没有美国信用记录的前提下获得金融服务和信贷。

对于你无法测算的事物，你也无法对其采取行动。

——詹妮佛·泰斯克（Jennifer Tescher），

金融健康网创始人及CEO

## 可持续性不再是一项观赏性运动

随着多元化和包容性的提升，可持续性已经不再是一个边缘任务或企业责任报告的口号。当前，可持续性已日益成为企业的核心战略和企业日常流程的一部分。企业也渐渐认识到，在打造一个健康的世界方面，自身也都要发挥一定的作用。各国金融科技企业都在用实际行动向我们展示金融科技在打造更具可持续及包容性的未来时所起到的积极作用。以下是关于它们的故事。

## 聚焦数字银行Aspiration

Aspiration是一家总部位于美国的金融科技企业，同时也是一家注册公益性企业，该企业汇集了全球诸多商界领导者，旨在对商业成功进行重新定义，并打造更具包容性和可持续性的经济。曾当过演讲稿撰写人、政策顾问和金融欺诈检察官的安德烈·切尔尼（Andrei Cherny）是Aspiration的创始人，他将Aspiration公司的发展定位定义为通过建立关注信任的商业模式创造不同种类客户关系和体验。

在我们讨论普惠金融的过程中，切尔尼曾表示："金融科技可以解锁个人的力量，并使其做出符合自身价值观的决定。"通过Aspiration透明的价格模式和以环境为中心的服务，切尔尼以实际行动践行着自己的倡议。该企业提供的"按您认为公平的价格支付"的定价模式在业内是具有革命性的。

Aspiration的用户评分法让消费者看到自身的日常决策能够对个人目标起到显著的影响，而这种目标又与打造可持续环境的价值观相一致。Aspiration通过其开发的"种树"功能（Plant Your Change），承诺用户每交易一次就可获得商家为其种的一棵树，用户的每笔交易金额都会被四舍五入到最接近的整数金额，与Aspiration合作的全球植树慈善机构包括诸个伊甸园造林项目等。

在践行自身价值的同时，这家有良知的初创企业也毫不

避讳地指出大型银行在化石燃料融资方面造成的影响。尽管Aspiration的用户基数和美国的人口情况大致相同，但通过比较后，我们可以发现Aspiration与其他金融科技企业同传统金融机构的最大不同在于它们在社交媒体的客户参与度方面水平更高。拥有参与度极高且充满热情的用户群是极为不易的，同时此类客户还对Aspiration的企业宗旨高度信任并具备集体责任感。在这一形势下，用户群将不再按照地理位置进行划分，而将按照民众的价值观进行划分。服务大众不应成为一个锦上添花的活动，而应成为塑造企业自身特征的重要一环。

越来越多的人开始明白他们应该运用自己的财富为公义发声。

——安德烈·切尔尼，Aspiration联合创始人

## 众生平等

一个社会富裕程度的评判标准不是个人持股的数量——在美国来说，其评判标准也不是最富有的1%人口的生活状态。一个社会的富裕程度是通过人与人之间的关心程度体现的；是通过对弱势群体的关怀程度体现的；是通过人们在实现共同目标的道路上战胜艰难险阻时各个成员心灵纽带的加强程度所体现的。我们同属一个文

明，同享一个家园。而距离我们全人类上一次凝聚力量、并肩作战保护我们未来的生存希望已经过去了很久。在这一方面，美国盖茨基金会成为众多秉持这一理念的机构之一，该基金会成立于2000年，为目前世界上最大的私人基金会。

## 美国盖茨基金会及其针对贫困人群的金融服务

该基金会的宗旨是相信每一个生命都拥有平等的价值。在发展中国家，它的主要项目是改善贫困人群健康状况并为其提供可以摆脱饥饿与极度贫穷的手段。在美国，其主要目标是确保所有人，特别是那些获得资源较少的人群，获得其所需要的机遇，进而在学习生活中取得成就。

具体来说，其全球发展机遇计划解决了存在于基础设施（如清洁水源和卫生设备）、农业、性别以及平等方面的问题，为陷入经济困顿的人群提供了必要的金融服务。该基金会致力于将17亿人口纳入正式金融服务体系当中，此项目可以为美国增加数万亿美元的GDP。

根据世界银行的数据，在发展中国家，仅有63%的成年人拥有某一金融机构的账户；同时女性在获得服务性金融系统方面也常常遭受排挤，由性别差异造成的金融服务获得比例差距在发展中国家长期维持在9%左右。为此，该基金会推出了Level One项目，进而帮助私营与国营企业改善贫困人群在数字金融服务方面的匮乏现状，进而打造包容的、互联性的数字经济。该基金会做出了以下努力。

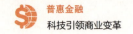

### Mojaloop基金会

一个可供任何组织使用的开放源码软件，可以有效创建和部署可相互操作的数字支付系统，将无法获得充足服务的人群与新兴的数字经济联系起来。

### 非洲数字金融包容基金（ADFI）

通过与法国开发署和卢森堡政府合作，该机构为非洲3.2亿人口创造了普惠的金融服务，其中近60%的获益者为女性。根据非洲开发银行预测，到2030年，非洲数字金融包容基金将累计为各类机构以赠款和低息贷款的形式提供4亿美元的资金支持，以此来推动数字金融的发展。

### G2PX倡议

美国盖茨基金会与世界银行合作推出的G2PX倡议，实现了政府与民间交易的数字化。在新冠肺炎疫情期间这些努力发挥了巨大作用，世界各国政府纷纷出台相关举措以扩大社会援助规模，将相关资金打到对应人群的账户中。同时由于许多女性在非正式部门工作（根据世界银行统计，约95%的亚洲女性和89%的撒哈拉以南地区的女性供职于非正式部门），对这部分人群进行保护和赋能在当前来说至关重要。

在新冠肺炎疫情暴发的几个月后，由于从银行及其支行取款变得日趋困难，数字化支付逐渐成为主角，而这也成为数字化支付便捷性的一个例证。同时包括美国在内的世界各国政府都需要寻求各种方法来将纾困资金有效地发放到相应民众的手中。即便在新冠肺炎疫情暴发前，全球移动通信系统（GSM）协会就曾指出，约60%的移动货币供应商通过与人道主义组织合作，为270万个独特的移动货币账户提供移动货币现金和代金券服务。随着相关技术的完善，我们已经进入了一个由大众引领的、由数字化辅助的新时代。

同时根据全球移动通信系统协会的报告，数字化支付已经迈上了一个新的台阶；自2017年以来，基于数字货币的交易额增长了近50%。全球注册的移动货币账户数量超过10亿个，其中，移动货币行业每天处理的金额超过19亿美元。移动货币正日益成为全球金融生态系统不可或缺的一部分，促进了国际汇款额的增长。对于发展中国家来说，它对推动经济的发展尤为重要。与之配套的服务也已经发展起来，包括获得信贷、保险和储蓄，这有助于释放经济增长的机会，推动创新、强化企业家精神，同时此举也有助于逐渐缩小全球金融服务中的性别差距。

企业宗旨和利润的获取不仅要共存，事实上，这两者是密不可分的。现在的问题是我们是否将从长远角度来打造企业、社区、家庭和我们的生活。如果我们继续追逐季度性的利润或者短期的收益，我们就无法规避该系统的脆弱性。建立一个在人才、制度和道德规范各方面都理想的公司，不可能一蹴而就。聪明的商人眼光要长远得多，就

像农民早在收获前很久就给植物浇水一样。

——凯瑟琳·弗拉克斯（Catherine Flax），

CRA公司董事总经理

从新式负责任的银行业到更加可持续的商业模式，我们可以看到，即便是银行，也可以寻求到更高的宗旨。而我们又该如何确保下一代企业领导者可以继续保持开阔的思想，能够继续聚焦系统领导原则来为社区福祉服务呢？其中一个解决之道是教育，尤其是在高等教育方面。

## 聚焦教育和道德体系

上一章我们讨论了基于深思熟虑而形成的经济体系以及优秀的商业模式，我们也需要思考那些在制定决策时可能导致更深层次不平等的个人和机构。对于一个特定社会来说，其灌输同理心和共同的道德准则的方式注定会产生一些影响。

尽管我们从孩童时期就在学校教育中明确了平等和正义的重要性，但在成长过程中，我们仍需要继续努力重塑这一同理心。不论我们从事什么行业以及在什么企业工作，我们都应该在打造更好未来的过程中扮演自己的角色——推动打造一个公平、平等和可持续的未来。不论我们从事哪种工作（金融或是工程），在制定关于个人或专业性的决策时都要充分考虑其社会影响，其重要性不亚于企业利润和效率的最大化。

联合利华的董事长，牛津大学萨伊德商学院现任主席保罗·波尔曼（Paul Polman）曾经说："培养工商管理硕士时我们创造了一个本不该存在的怪物。"许多企业领导者都建议将"可持续性、企业宗旨和社会责任的重要性提高到至少同利润最大化同等的高度"。我们又该将通过造福大众来获得收益的理念融入日常生活的方方面面，同时将对人性的关注程度与对于获得技术要领的关注程度置于同等重要的位置。

越来越多的全球化项目被开发出来拓展了未来商业领袖的视野，全体公民对自身和企业所扮演的重要角色的认知也加深了，在这种情况下我们只能寄希望于兼顾利益相关者的基本理念能够与这些课程及我们的日常生活更深入地融合。这也是想要实现长期发展和实现大众普惠所需要的思维方式和关注点。在这一过程中，每个行为都异常重要。

## 新的道路与新的原则

一条崭新的前进之路已经出现——一条企业发展的新路，以及与之匹配的新式领导者形式。这便是企业宗旨的一种，一种将企业与社区和大众福祉联系起来的发展路线，我们已经走过类似的旅程。首先，我们讨论了一些可能在未来给我们带来影响的变革大

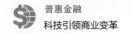

潮——伴随寿命延长出现的更多复杂需求、工作形式的改变以及我们为谁而工作和企业是如何建立的。我们已经阐明了多样化包容性的重要性，同时也对社区内部的多样性状况进行了反思。我们对偏见也有了新的鉴别方法和认知。

我们已经讨论了如何更好地为社会边缘人群提供服务，同时通过多种案例——从金融服务到冰淇淋，证明了不单纯考虑盈利的替代性商业模式的重要性。我们已经探讨了对工作的看法以及对领导力的新的认知。我们也针对这些观点给出了相应的企业和领导者相关的案例。

在本书中，我们的核心命题是找到更深层次的企业目标并据此采取行动。做好事不应该是一个公司呈现在幻灯片或公司宣言上的企业责任。我们每个人都有责任做出对社会有益的事情，而人类的未来也只能由我们自己来书写。

我们必须专注于自己的责任，以及为满足建设更好社区的需求而担负的责任，同时要在与其他人相处中保持同理心；毕竟我们都是互相联系的，同时我们所做的每一个决定、所走的每一条路，都会产生相应的结果。正如我们的好友，11 FS Foundry公司的前CEO勒达·格利普提斯（Leda Glyptis）博士曾经说的："一个不具备同理心的人已经输在了这场变革的大门之外。"

我们的工作并不仅仅是为了通过价值交换来获得金钱；我们需要调整自身的思维并拓宽自身的心境，从而发现在我们身后更为重要的东西。我们必须建立新的伙伴关系，使我们从自我的封闭中走出来。我们今天所面临的问题只有通过全部利益相关者的交流才可以得到解决：创新者、企业家、风险投资者、教育家、政策制定者和技术人才、思想家和实干家，以及每一个对未来变革充满信心的人。

我们自身也已经开始了这趟旅程，与全球各行各业及各类商业模式下的领袖进行研究并与之展开对话。同时，在疫情肆虐的情况下，我们的研究也并未停止，并且我们也认为在本书出版后，疫情仍有可能持续。通过社会隔离和网上学习，通过共同的失落体验和更加深刻的群体意识，人类已经开始朝着更加深刻的相互依存关系迈进。

在这趟旅程中，我们所收获的是一种观点，一个我们通过自己的观察和思考而提炼出来的观点，但我们也会受到读者的影响。我们所得出的结论往往成为导致下一事件的原因，据此我们形成了一套核心原则——一套我们希望可以用于交流和个人反思的指南。

你是一个将目标与他人利害统筹兼顾的领导者吗？

你是一个相信美好世界和共同目标的梦想家吗？

你相信通过努力可以维护共同利益吗？

加入我们的旅程吧，这是一个异常美好的旅程。

第九章

# 内心和观念向行动转变

我们以为我们所做的事情只不过是沧海一粟，但如果没有我们的那一滴水，大海怎能如此浩瀚。

——特蕾莎修女（Mother Tereasa）

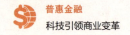

## 一幅不同的画面

正如我们在本书开头所述，本书的创作并不是仅仅局限于一本普通的商业书籍，而是希望可以为读者打造一次探索更具同理心的领导力的旅程。本书旨在为我们提供不同的思考方式，从寿命延长到未来工作、从积极的商业模式到影响我们所做决策的道德准则和利弊权衡。通过有关个人、组织和领导力的相关案例，我们试图建立一个框架；其中，我们可以做出个人和商业决策，创造共同利益，实现超越自身的目标。

我们希望我们已经帮助读者在重塑对世界的认知方面起到了一些作用，而你也有充足的机会和权利来引领世界的发展。不论你是在教育孩童，还是在为一个国家制定决策，你的言语、想法和行动都对人类的进程至关重要，而我们一生中所做的事也会在永恒中回响。

此书并非旨在为我们面临的所有挑战找到对策，这也不是本书的创作目的。我们想要带领读者透过问题去感受未来，在那里，你的立场和你的行为都将帮助我们维护共同利益。

而关于未来也永远不会有完整的刻画，而这在一定程度上也是本书刻意为之。花时间拆解一个商业模式将是一种偏颇的观点，而在没有背景介绍的情况下一个接一个地讲述各个公司，可能无法达到展示各类想法如何汇聚为一点的目标。同时，如果规定读者朝着既定路线前进，即给出每一步的具体位置，就会画蛇添足。但如果不向读者询问其个人道德观，也不符合我们的价值观。我们希望不断摸索，不断激励地前行，我们希望和你一起寻找答案，而不是为你寻找现成的答案。而在此过程中，任何关于乌托邦的设想都是天真的。

每一刻都至关重要。每个行为，无论多么微小，都同样重要。在各级领导和工作中，我们都必须更深刻地思考我们的行动，甚至是我们的不作为对我们社区内其他人的影响。我们必须反思自己在生活中所享有的"特权"，我们需要思考如何对那些遭受不平等待遇的人群施以援手。如果你不做，我们不做，那么谁还会做这样的事呢？

当前，我们都成了"看不见的手"的一部分。无论是在薪酬、教育、机遇，还是基本需求的满足方面，总有一些不完美的地方需要我们做出改变。而仅仅思考我们的影响力是不够的，我们必须聚焦行动力。在我们的生命、当地社区以及全社会的未来都岌岌可危的情况下，我们的所作所为是正确且切合其解决之道吗？

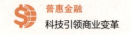
## 时光中的某地

让我们花一分钟反思一下自己的生活。首先映入脑海的是什么呢？现在想一下你的生活和周围的一切，你所创造的记忆和你走过的旅程。我们的生命是短暂的，与浩瀚的宇宙相比，我们不过是一粒细沙。你之后又会选择什么样的道路呢？你会成为一个旅人，还是会制定自己的发展路线？当你听到同理心发出的声音后，你又将做何回复，给出什么样的承诺呢？

在当前居家隔离状态下，我们又该如何进行集体课程学习，如何创造更多联系来满足他人的需求呢？这一集体学习包括新式的远程工作和远程学习。我们又该如何利用这一前所未见的时刻来为人类服务，将同理心和同情心转化为希望？也许我们有太多人在本应追逐光明，实现新的希望、梦想和需求时选择了休眠；而在追逐梦想的过程中我们也可以找到自己真正想要的。

我们之所以这样说，是因为本书即将完结，而我们想说的还有很多。而现在正是重建的时候，正是采取行动的时候。最后，我们所主张的是什么？我们又为其做了哪些努力呢？

## 一个新的社会契约

当我们谈及新的社会契约时，我们所指的是人际联系的更新。

每天，我们都会做出各种各样影响他人的决策，不论我们是否花费时间予以承认。我们所秉持的价值观、工作及利用科技的方式，以及如何制定消费决策，都会产生相应的影响。同时，我们设定人生目标的方式也会产生相应的影响，不论我们扮演什么角色。我们得到的福祉越多，我们就越幸运，就可以有更多的选择，获得更多优待，同时我们也应该更具感恩之情。在我们看到很多案例中，企业领导者无法与周围的人形成共鸣，使其所服务的客户群体和社区被孤立，这进一步加剧了人类社会中边缘群体的困境。

我们每个人都承担着这一重担。在认识存在于我们身边人群的偏见、差距和难以逾越的社会阶层鸿沟时，我们必须要给出自己的承诺，同时要采取实际行动帮助改善那些不幸者的生活。我们该如何帮助他们跨过下一道门槛呢？我们的商业目标（以及我们的个人领导力）作为企业自身使命的一部分，应该如何帮助他人呢？

## 将嵌入式的同理心变成一项服务

科技如同一种势不可当的力量，不断地将我们在生活消费中产生的数据分离为由0和1组成的二进制数，形成复杂的算法，进而提高用户体验。这一过程产生以兆字节为单位的数据，对我们的日常生活产生了长期影响，并由此引领了一个新的商业模式，这一模式既可以造福人类，也可能成为万恶之源。

尽管我们不提倡反对科技，但我们应该对科技对人类决策的影响，同时对借助电子设备而影响我们判断的那些偏见、排他的想法我们也应该有所警惕。科技对企业产生的影响是否会给社会带来弊端呢？就像我们的逐利行为所带来的一系列社会不公现象一样。科技对社会结构的影响是否会弊大于利呢？

正如一句老话所讲：世上没有免费的午餐。在这一案例中，我们的个人数据就是各类企业所要挖掘的"金矿"，它们中很多企业我们都可能在过去的几十年中闻所未闻。对于大型科技公司来说，它们可以用异常高效的方式对用户的个人数据进行收集和应用，并借此对消费者的需求进行预测。而社交媒体公司的商业模式通常建立在参与的基础上，它们对点击率的关注程度远远高于对真相的重视，在活跃话语的同时也埋下了动荡的种子。我们能否将更多的技术用来提高大众福利呢？我们又能否将公益性企业中的良好风气与当前商业模式进行结合呢？

在我们对自身角色、工作以及工作对社会的影响进行思考时，我们不禁发问：该如何将同理心更好地嵌入到我们身边的系统中呢，不论这些系统的根源是人类还是机器？这是一个关于存在主义的短期问题，但可能产生长期的影响；由于有些大型平台过于逐利，这最终可能导致人类输掉这场与它们进行的商业模式之战。在寿命延长的趋势下，科技又将如何给予人类更多关怀呢？在大多数社会科技将我们不断分割、将部落主义带入新的深度时，我们又怎么可能真正形成社区联系呢？随着科技对我们生活诸多方面的控制力增强，我们该如何与其负面影响做斗争，并将同理心嵌入科技的黑匣子中呢？我们又该如何确保算法能够更多地聚焦于改善生活，而不仅仅是关注销售商品或展示广告？这一切都归结于人和目标的原因。

随着人工智能带领人类进入第四次工业革命的大门，基于人工智能的应用又将对社会产生何种更为广泛的影响呢？新式智能软件使社会变得更加强大和公平，领导者又将如何订立新的社会契约，推动同理心进一步嵌入我们的生活，进而改善集体行动和人类的行为呢？

科技的日新月异对人类的影响才刚刚显现。对于企业——特别是对于那些控制大量资本的金融机构和控制大量数据的社交技术平台来说，其往往扮演着守门员和推进者的双重角色。而此类企业及其领导者也需要发挥更大的作用。如果你的企业也属于此类角色，那么你需要注意。尽管一些高管可能不认同"创新或死亡"这一令人忌惮的口号，但他们对团队的指示和对股东的言辞至关重要。企业公开进行基础设施和效率工程建设来降低成本，可能是其向市场发出的一个信号，预示着你的利润将会增加；但和企业重组类似，这类行为往往是企业缺乏构想和长远规划的体现。正如我们前面所说的，人们对企业的评估曾经着眼于其商业模式和未来战略对企业最终盈利及其所服务社区的影响，而这早已过时了。

作为企业家，你又在打造更好未来的方面做了哪些努力？在那些超越企业自身的方面有哪些付出呢？

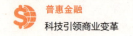
## 一个世界、一种声音、一个愿景

通过本书的研究，以及"同一愿景"播客，我们同阿伦库马尔·克里希纳库马尔一道，非常有幸地与很多有志之士相遇，他们的故事需要向大众讲述，他们的声音需要被放大，同时他们的征程为业内很多其他企业家提供了启迪。

拉米娅·约瑟夫（Ramya Joseph）是金融科创企业Pefin公司的创始人和CEO，她曾经在高盛从事自有资金交易，之后建立了世界上第一家基于人工智能的金融咨询公司。随着算法在推动社会发展方面发挥着越来越重要的作用，拉米娅和她的团队发现很多财富顾问（不论是由算法驱动还是由人来执行）都忽略了一个重要的方面，即每个人在日常生活中所进行的交易，而这类交易对于财富管理，对于女性、家庭和所有投资者的决策都至关重要。他们打造的人工智能驱动平台实时监控超过200万个有关客户财务状况的数据点。这一切都源于拉米娅的一个信念，即针对个性化数据不断地学习和理解有助于减少任何可能影响良好财务结果的偏见。

Pefin公司试图在金融领域有所作为的追求在拉米娅·约瑟夫身上得到了充分的展现，她表示："人工智能是由人类创造，也应该为人类服务。"

作为一名连续企业家，汉茨·费费里（Hantz Févry）出生于海地太子港。在纽约上完大学后，两场剧变使他走上了建立自己最新的创业公司之路。其中第一场剧变是发生在2008年的全球金融危机，彼时他的祖国受到严重冲击，在这一背景下，汉茨在自己的宿舍中进行网上招聘进而帮助故乡的人民寻找工作机会。第二次剧变是2010年1月发生的毁灭性地震，这再次给他的祖国带来严重的影响，而当时汉茨正准备返校完成学业。一份谷歌的工作机会使他走上了创业之路并成立了自己的第一家企业Stoovo，该公司通过整合工作资源，为用户提供多样的工作机会，极大推进了零工经济工作者收入的提升。目前，Stoovo公司已经与1400多家雇主合作，帮助临时工作者在空闲时间内极大提高了自身收入。汉茨曾说："我相信科技的发展将极大推动人类的进步。"

作为EverSafe公司的联合创始人及首席运营官，利兹·洛伊（Liz Loewy）曾经是纽约检察官办公室防虐待老人部门的主管。因此在金融诈骗方面，洛伊是有所了解的，特别是那些针对老年人的欺诈案件。

财务剥削的形式多种多样，包括网络钓鱼、身份盗用、婚恋诈骗，以及家人从联名账户中私自盗用存款或者以弃养为名来对老人进行威胁。同时这一问题还在不断加剧，在利兹·洛伊以及她的联合创始人霍华德·蒂施勒（Howard Tischler）看来，这是一个与个人相关的问题。其中对于霍华德·蒂施勒来说其之所以选择成为EverSafe公司联合创始人，部分原因是其母亲也是此类欺诈的受害者之一。通过对日常交易进行分析，EverSafe公司可以发现一些异常，如丢失存款和逾期付款。通过此举，EverSafe可以较早发现老年人潜在的认知能力下降迹象，并进而计算出其可能落入金融诈骗

的可能性。通过相关预警机制，EverSafe将认定的可靠的老人帮扶者们联系起来。对于像利兹和霍华德这类企业家来说，没有什么任务比帮助老年人获得财务安全更为重要。

通过与那些改变金融服务业的企业合作，并传播关于自己的故事，像Pefin、Stoovo、EverSafe等公司正在推动相关变革的发展。通过传播其他企业的先进事迹，我们可以持续促使企业内部相关系统进行改变，在这方面，企业间具备高度的一致性。我们的信念是，每一个拥有伟大想法的人都应该获得成功的机会。2020年9月，"同一愿景"第100期正式开播，我们将继续利用我们的声音支持那些致力于改变人们内心和想法的人们。同时我们也感谢那些曾经加入过我们的有志之士。

在理想情况下，金融科技具备向数十亿人提供相关服务的能力，这将对金融安全产生巨大影响；同时对那些发展相对滞后的群体，这也将为其带来更多长期的机遇。在我推动行业向这一目标迈进的过程中，每一天都是有意义的。

——格雷格·帕尔默（Greg Palmer），Finovate公司副总裁

金融科技的最终目标是为这个星球上带来更为广泛的金融包容性，同时让每个人都有机会进入金融系统。我想为这一过程贡献自己的力量并对年轻人说："嘿，你们难道忘了什么时候必须去银行了吗？"

——理查德·图灵（Richard Turrin），

《卓越创新实验室》（*Innovation Lab Excellence*）作者

在过去的五年金融科技对于企业的影响已变得空前巨大各类企业
不断对现状进行颠覆，传统优势企业也主动出击参与竞争。我自己也
在这一变革中，通过有序、可行、包容的方式获利。

——查尔斯·德·豪斯（Charles D' Haussy），

香港投资推广署前任主管

## 内心、心态与行动

在这个自身不断变化的世界中，我们必须通过哪些方式来改变
呢？让我们通过关心社区环境开始来改善我们的社区。试想可持续
性给苹果公司的理念及其更为简洁的供应链所带来的影响，在该理
念的引导下，苹果公司聚焦平等劳动及更为细致的环境保护，例如
在产品使用寿命结束时对其进行适当回收。对于Aspiration公司来
说，他们帮助消费者了解其前端交易足迹和处于末端的投资企业，
以此来为改善环境贡献自己的力量。此外，还有各类大大小小的案
例不胜枚举。

每个消费者和企业都要进一步思考其行为、活动对社区的影
响。你将通过何种方式来进一步考虑由自身消费所带来的影响，以
及环境变化给地球和社区带来的影响？对于自己公司生产的产品和
提供的服务有什么想法？其所带来的长期影响有哪些？量变引起质
变，我们必须团结一致，共同保护我们赖以生存的地球家园。

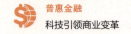
我们必须从多方面进行学习来为他人打造更好的生活。我们如何通过倡导和利用社区多样性，来提高社区参与度？从直言不讳到创造空间、从回顾过去到展望未来，我们每个人都要发挥自身的作用——无论是从自身角度还是职业角度出发都要如此。

## 一种变化强烈的模式

从在本书中我们进行的各类讨论，到我们与金融服务及科技生态系统中相关企业共事的经历中，我们了解到曾经风靡一时的金融服务模式正在发生改变。面对嵌入式金融及开放式银行的冲击，以及在由风投支持的初创公司和大型科技平台的侵蚀下，银行传统的商业模式又会发生什么变革呢？当银行盈利模式朝着我们所支持的方向发展时，又会产生什么样的结果呢？银行业又能否成为业界的灯塔，将自身建立在我们所看到的善举之上呢——有目的性地对自身进行重塑？这也许是一厢情愿的想法，但我们坚持这一观点（在过去的十多年一直如此），因为我们别无选择。

本书中所提到的金融服务模式远不止包容性一点。而是指银行利用自身的全部功能、特性和各个方面来为改善大众生活质量，而不仅仅是为部分人服务。这意味着我们要实现在制度、程序和规定方面的待遇平等，而不仅仅是口头上支持这一概念。同时这也意味着我们要继续努力，去修复那些多年来困扰大众的问题；通过增加价值，创造新的方式来帮助社区中每个人提升生活水平。

就银行业自身来说——不论是嵌入式形式、解绑、松绑、更加开放或直接消失，其都在发生着改变。在这一过程中，我们的内心和思维也在悄然发生着变化。前方的道路依旧漫长，但每天都有越来越多的人正在加入到这一运动中——对现状发起挑战，为实现梦想和抱负创造机遇，此举不仅仅是为了我们自己，也是为了我们的后代。而这也必将成为我们真正的价值所在。实现普惠金融需要行业重塑其核心价值，以确保每个单独的参与者都能够在代表自身利益的市场中被公平对待，这一市场将致力于造福大众，消除那些几十年来形成的系统性偏见和障碍。通过这些原则我们可以使银行业获得更好的发展。我们有能力在银行业内实现普惠金融。而如果金融服务业可以做到，你的行业愿意成为下一个变革者吗？

## 火花再现

在本书开篇对新商业模式进描述时，我们从乐高公司开始讲起，并对其创始人克里斯第森的经历进行了分析，他在创业过程中承担了巨大压力，包括家庭的不幸和事业上的受挫，其中火灾曾数次摧毁了他的工厂。此后，在家人的帮助下，他们共同重建了新工厂并重新开始，最终建立了我们今天所熟知的伟大的乐高公司。我们讨论了他们在生产独具特色的连锁式积木时在可持续生产模式

方面做出的承诺，以及其关注社区需求和改善环境的企业核心。但乐高对消费者和全球社会做出的承诺还不止于此。在持续创新方面（即我们在书中所提倡的原则），乐高公司风险投资部门也在继续推动公司向前发展，去迎合其全球客户的需求。当前乐高创投注资金的初创企业达到11家，包括Klang公司（通过媒体来探索人类未来），PeppyPals公司（通过宠物玩具教授儿童学习情感表达），Thrively公司（通过数字化课程计划帮助小学生成长）以及Caper公司（通过让孩子完成一些线上或线下任务来促进孩子大脑发育）。按照这些思路，乐高创投主要针对四类企业进行投资。

### 教育科技

即针对教育科技和教育类企业进行投资，此类公司通过早教对儿童的参与方式进行影响。与之配套的技术应该具备一定灵活性，能够在全球范围内推广产品，这些产品需要具备趣味性，并能够培养儿童好奇心、协作能力和开放式问题解决的能力。

### 21世纪技能发展

在第四次工业革命来临之际，乐高创投坚信创造力、好奇心、批判性思维，协作、信心和同理心等要素的重要性将比之前更为显著。乐高创投也在寻找那些与其理念一致，且能够在提供创新产品，并聚焦提高上述素质的企业。

### 新的游戏空间

父母和子女需要超越时间和空间约束的深度沉浸式游戏体验，同时要求家庭全员均可参与。

创意制造

创新性的信心和能力都将成为未来劳动力的核心要素，在这些领域的投资有利于帮助儿童开发相关技能，更好地为未来做准备。

乐高创投最近的一笔投资是与隶属于芝麻街风投部门的芝麻工作室合作完成的针对早教平台Homer的5000万美元投资，该平台通过应用软件教授儿童读写技能及其他方面的技巧。对于乐高集团来说，它不仅仅是将Homer这一品牌推向市场，他们的投资和创新承诺也将满足21世纪对儿童学习的要求，而这也显示出其企业价值与全球社区理念的高度统一。我们又该对自己的行业、企业、工作做何思考，如何做出与乐高集团类似的举措呢？同时在本书即将结束之际，我们又该如何保持思想的开放从而继续我们的旅程呢？

## 旅程的下一站

在我们的全球社会中，有很多错误需要纠正——每个社区都面临着这一核心问题，但我们必须要有自己的立场，我们必须开始着手做些什么。我们对大家的要求和期望如下：为你所期待的变革而做出努力；敢于表达不同意见并寻求不同的解决方案；在感到有异常时勇敢发出质疑，进而为打造更好的事物寻求方案。

行动起来，做相关的工作，挖掘数据，从其他行业学习案例。因为我们可以向你保证，通过努力，你可以成为他们中的一员。

　　我们需要意识到并消除我们自身的偏见，这些偏见将极大阻碍社区内部的进一步团结，只有这样，我们才能重建我们的人类社会。我们必须摆脱那些存在于当下的，影响我们信心的偏见。我们已经目睹了很多实例，从中我们明白看似不可能的事情可以实现；我们可以改变当前社会现状，推动社会公平；打造一个更加完美和全面的社会契约，打造一个新的利益相关者模式，使所有人的需求都可以被考虑到。

　　我们敦促你与我们一起迈出下一步：被鼓舞，然后鼓舞他人。

　　发出你的声音，勇敢地站出来并发出呼喊，进而通过与他人一起发出最强音；然后采取行动，主动出击，制造一些正面的"麻烦"。

　　在采取行动时要为那些当前还无法为自己发声的群体的利益服务；要对那些尚未了解如何为自己主张权益的群体进行教育；为那些还没有形成统一声音的群体发声。感谢采纳我们的意见。

　　让我们不断超越，打造普惠金融，一同前往希望之地。

# 后记　普惠金融原则

让我们按照以下原则行事（按照书中的各类主题分类），并在你的企业中，通过行动来实现改变，进而更好地为社区大众提供福祉。哪些原则会激励你采取行动，你又会选择相信其中的哪些内容呢？

## 并非偶然

我们相信在生活中我们的所作所为对于自身而言是有意义的，这些行为也是我们的价值观和信仰的体现。随着我们与他人之间建立起越来越深的同理心，我们的行动对人类生活的改善作用会不断加强，我们的成功也会推动他人的成功。

## 向公益迈进

我们相信公益的力量，相信我们应该积极为他人着想；在日常决策中，通过我们的想法和行动，我们可以对自己生活的社区和有幸服务的群体产生连锁效应。团结将使我们变得更加强大。

## 拥抱多样性和包容性

我们相信每个声音都应该被聆听，每个人都应该被平等、公正、

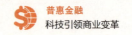
一视同仁地对待，不论其年龄、性别、种族、出身、性别取向、宗教、地点、教育、收入、财富和盈利能力。我们相信经济机遇不应被某一群体所把控，只有通过打造包容性的未来，全人类才可以从中受益。

### 关于成功

我们相信每个人在获得成功的机遇方面都享有同等的权利。我们必须努力创造更多的机遇来帮助更多人获得发展，使他们不因经济方面的原因而感到恐惧或受到挫折。我们相信经济方面的平等是一项基本的权利。

### 更加公平的金融服务

我们相信金融服务业可以成为促进社会进步的催化剂。对于银行业来说，创新意味着使之前无法获得银行服务的人群充分释放潜能，为之前不被看好的群体提供更好的服务。为此我们需要打造更高的透明度，提高对长期客户关系和价值创造的关注，而不是将目光局限于短期的利润周期。通过努力，我们可以推动社会繁荣发展，使银行业朝着更好的方向发展。

### 科学技术

我们相信所有的技术进步归根结底都要服务于人类。我们相信人机结合所释放的巨大潜力将帮助我们打造一个更加公平的未来，这也是我们为之努力的目标。

## 关于同理心

我们相信同理心必须成为个人和商业决策的主要元素；同时，想要成为更好的人，我们需要始终聚焦于满足人类最基本的需求。我们相信不平等是一个由人类自身造成的问题，因此也是可以解决的。在全人类的共同承诺下，我们会推动社会朝着更好的方向发展。

## 鼓励和希望

我们相信生活中的各类决策都很重要，每个人都可以在自己生活的社区中、为自己服务的人群做出一些改变。我们相信希望的力量，也相信我们必须始终敢于畅想更好的未来，这也是本书的核心原则。

但我并未失去希望，因为我一次又一次地认识到，在大多数文化，乃至全部文化中，其本质上有一些永恒不变的相似性，如果愿意的话，人们总是可以做到一些事情。而这也将作为一个真正统一的出发点，也将成为人类共存的新准则，在维护人类传统多样性方面将发挥巨大的作用。

——瓦茨拉夫·哈维尔（Václav Havel）

未来注定将充满变数，这也是其本质所在。

感谢各位在我们旅程中的陪伴，让我们一同书写一个更加美好的未来！

# 参考文献

## 引言

Clifford, C (7 February 2017) Ruth Bader Ginsburg says this is the secret to living a meaningful life, *CNBC*, https://www.cnbc.com/2017/02/07/ruth-bader-ginsburg-says-this-is-the-secret-to-ameaningful-life.html (archived at https://perma.cc/B9VE-GHXL).

## 第一章 变革的大潮

Obama, Barack (5 February 2008) Feb 5 Speech, *The New York Times* https://www.nytimes.com/2008/02/05/us/politics/05text-obama.html (archived at https://perma.cc/5FCP-QCWM).

Collins, J (2001) *Good to Great*, 1st edn, HarperCollins, New York.

Thiel, P and Masters, B (2014) *Zero to One*, 1st edn, Crown Publishing Group, New York.

Collins, J and Hansen, M (2001) *Great by Choice*, 1st edn, HarperCollins, New York.

Smith, A and Seligman, E R A (1910) *An Inquiry into the Nature and Causes of the Wealth of Nations*, J M Dent & Sons, Ltd, UK.

Investopedia (6 January 2019) What Does the Term "Invisible Hand"Refer to in the Economy? https://www.investopedia.com/ask/answers/011915/what-does-term-invisible-hand-refer-economy.asp (archived at https://perma.cc/EG6W-N7HL).

Mainwaring, S (16 April 2016) How Lego Rebuilt Itself as a Purposeful and Sustainable Brand, *Forbes*, https://www.forbes.com/sites/simonmainwaring/2016/08/11/how-lego-rebuilt-itself-as-apurposeful-and-sustainable-brand/#58e05e816f3c (archived at https://perma.cc/5746-W8JK).

United Nations (2019) World Population Prospects 2019, United Nations Department of Economic and Social Affairs Population Division, New York, https://population.un.org/wpp/Publications/Files/WPP2019_Highlights.pdf (archived at https://perma.cc/RB53-9Y2S).

Servat, C, Super, N and Irving, P (2019) Age Forward Cities for 2030, Milken Institute Center For The Future Of Aging, Santa Monica, https://milkeninstitute.org/sites/default/files/reports-pdf/Age%20 Forward%202030_FINAL_DIGITAL_WEB_Dec%202.pdf (archived at https://perma.cc/3V4J-X82D).

Scott, A (2019) A Longevity Agenda for Singapore (p.6), Stanford Center on Longevity, Singapore, http://longevity.stanford.edu/wp-content/uploads/2019/11/A-Longevity-Agenda-for-Singapore.pdf (archived at https://perma.cc/JAQ3-L3KR).

United Nations (2019) World Population Prospects 2019, United Nations Department of Economic and Social Affairs Population Division, New York, https://population.un.org/wpp/Publications/Files/WPP2019_Highlights.pdf (archived at https://perma.cc/RB53-9Y2S).

*Singapore Population,* Government of Singapore Department of Statistics, https://www.singstat.gov.sg/modules/infographics/population (archived at https://perma.cc/T9VK-S9LP).

Apple (15 September 2020) Singapore and Apple Partner on National Health Initiative Using Apple Watch, https://www.apple.com/newsroom/2020/09/

singapore-and-apple-partner-on-national-healthinitiative-using-apple-watch (archived at https://perma.cc/CBM3-B5P6).

SkillsFuture Singapore (22 September 2020) IBM and SkillsFuture Singapore Launch New SGUnited Programme to Train 800 Midcareer Professionals, https://www.skillsfuture.sg/NewsAndUpdates/DetailPage/6d360d38-1b81-48c4-a85e-0daefb991682 (archived at https://perma.cc/VX38-M9FV).

BBC (30 January 2012) Japan Population to Shrink By One-third by 2060, https://www.bbc.com/news/world-asia-16787538 (archived at https://perma.cc/U3KQ-82B5).

Wamsley, L (24 December 2019) Japan's Births Decline To Lowest Number On Record, *NPR*, https://www.npr.org/2019/12/24/791132555/japans-births-decline-to-lowest-number-on-record (archived at https://perma.cc/VVP3-8F5D)

Toshihiro, M (6 February 2019) Japan's Historic Immigration Reform: A work in progress, *Nippon*, https://www.nippon.com/en/in-depth/a06004/japan%E2%80%99s-historic-immigration-reforma-work-in-progress.html (archived at https://perma.cc/K5WX-GAV9).

OECD (2017) How Does Spain Compare? Preventing Ageing Unequally, p 1, https://www.oecd.org/spain/PAU2017-ESP-En.pdf(archived at https://perma.cc/MRA9-NQNN).

OECD/European Observatory on Health Systems and Policies (2019) Spain: Country Health Profile 2019, State of Health in the EU (p 3–4), OECD Publishing, Paris/European Observatory on Health Systems and Policies, Brussels, https://ec.europa.eu/health/sites/health/files/state/docs/2019_chp_es_english.pdf (archived at https://perma.cc/ZWU9-4S88).

Frayer, L and Shapiro, A (16 February 2015) Not A Group House, Not A

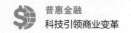

Commune: Europe experiments with co-housing, *NPR*, https://www.npr.org/sections/parallels/2015/02/16/385528919/not-a-grouphouse-not-a-commune-europe-experiments-with-co-housing (archived at https://perma.cc/M9EZ-ZQ5Y).

Grahame, A (10 October 2018) What Would an Age-friendly City Look Like?, *The Guardian*, https://www.theguardian.com/cities/2018/oct/10/what-would-an-age-friendly-city-look-like (archived at https://perma.cc/TM2M-2UKB).

World Economic Forum (2020) Global Social Mobility Index 2020: Why economies benefit from fixing inequality, https://www.weforum. org/reports/global-social-mobility-index-2020-why-economiesbenefit-from-fixing-inequality (archived at https://perma.cc/6EVNDGTP).

23 World Economic Forum (2020) Global Social Mobility Index 2020: Why economies benefit from fixing inequality, https://www.weforum. org/reports/global-social-mobility-index-2020-why-economiesbenefit-from-fixing-inequality (archived at https://perma.cc/6EVNDGTP).

Hait, A (13 March 2019) Rise in Self Employed Challenges the Common Wisdom, *United States Census Bureau*, https://www.census. gov/library/stories/2019/03/what-is-a-business.html (archived at https://perma.cc/AR9L-CQSY).

Prudential (2019) Gig Workers in America, p 2, https://www.prudential. com/wps/wcm/connect/4c7de648-54fb-4ba7-98de-9f0ce03810e8/gig-workers-in-america.pdf?MOD=AJPERES&CVID=mD-yCXo (archived at https://perma.cc/JVB9-MBPG).

Fry, R (24 July 2019) Baby Boomers are Staying in the Labor Force at Rates Not Seen in Generations for People Their Age, *Pew Research Center*, https://

www.pewresearch.org/fact-tank/2019/07/24/babyboomers-us-labor-force/ (archived at https://perma.cc/P7DJ-GUMQ).

Ozimek, A (3 October 2019) Report: Freelancing and the economy in 2019, *Upwork*, https://www.upwork.com/press/economics/freelancing-and-the-economy-in-2019/ (archived at https://perma.cc/X8ER-LX2F).

Prudential (2019) Gig Workers in America, p 2, https://www.prudential. com/wps/wcm/connect/4c7de648-54fb-4ba7-98de-9f0ce03810e8/gig-workers-in-america.pdf?MOD=AJPERES&CVID=mD-yCXo(archived at https://perma.cc/JVB9-MBPG).

OECD (2018) Entrepreneurship at a Glance – 2018 Highlights, pp 4 & 8 http://www.oecd.org/sdd/business-stats/EAG-2018-Highlights.pdf (archived at https://perma.cc/GZD7-G2XE).

OECD (2018) Entrepreneurship at a Glance – 2018 Highlights, pp 4 & 8 http://www.oecd.org/sdd/business-stats/EAG-2018-Highlights.pdf (archived at https://perma.cc/GZD7-G2XE).

PwC/CB Insights (2020) MoneyTree Report, *Venture Capital Funding Report Q2*, pp 46–7, https://www.cbinsights.com/research/report/venture-capital-q2-2020/ (archived at https://perma.cc/3ZGG-CFSF).

PwC/CB Insights (2020) MoneyTree Report, *Venture Capital Funding Report Q2*, pp 46–7, https://www.cbinsights.com/research/report/venture-capital-q2-2020/ (archived at https://perma.cc/3ZGG-CFSF).

Startup Genome (2020) The Global Startup Ecosystem Report 2020, pp 27–8, https://startupgenome.com/all-reports (archived at https://perma.cc/8VSF-MZHH).

Startup Genome (2020) The Global Startup Ecosystem Report 2020, pp 27–8,

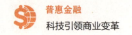

https://startupgenome.com/all-reports (archived at https://perma.cc/8VSF-MZHH).

World Economic Forum (2019) Global Gender Gap Report 2020, pp 5–6, *Mind the 100 Year Gap*, Geneva, Switzerland, https://www.weforum.org/reports/gender-gap-2020-report-100-years-pay-equality (archived at https://perma.cc/X8AS-M73S).

World Economic Forum (2019) Global Gender Gap Report 2020, pp 5–6, *Mind the 100 Year Gap*, Geneva, Switzerland, https://www.weforum.org/reports/gender-gap-2020-report-100-years-pay-equality (archived at https://perma.cc/X8AS-M73S).

World Economic Forum (2019) Global Gender Gap Report 2020, pp 5–6, *Mind the 100 Year Gap*, Geneva, Switzerland, https://www.weforum.org/reports/gender-gap-2020-report-100-years-pay-equality (archived at https://perma.cc/X8AS-M73S).

Fry, R (20 June 2019) US Women Near Milestone in the Collegeeducated Labor Force, *Pew Research Center Fact Tank*, https://www.pewresearch.org/fact-tank/2019/06/20/u-s-women-near-milestonein-the-college-educated-labor-force/ (archived at https://perma.cc/A48H-PQPA).

Catalyst (19 November 2020) *Women CEOs of the S&P 500*, https://www.catalyst.org/research/women-ceos-of-the-sp-500/ (archived at https://perma.cc/R78A-J92A).

Lu, D, Huang, J, Seshagiri, A, Park, H, and Griggs,T (9 September 2020) Faces of Power: 80% are white, even as US becomes more diverse, *The New York Times*, https://www.nytimes.com/interactive/2020/09/09/us/powerful-people-race-us.html (archived at https://perma.cc/685N-PKJX).

Ewing-Nelson, C (2020) Four Times More Women Than Men Dropped Out of the Labor Force in September, *National Women's Law Center,* https://nwlc-ciw49tixgw5lbab.stackpathdns.com/wp-content/uploads/2020/10/september-jobs-fs1.pdf (archived at https://perma.cc/6XHV-42HE).

Madgavkar, A, Manyika, J, Krishnan, M, Ellingrud, K, Yee, L, Woetzel, J, Chui, M, Hunt, V and Balakrishnan, S (2019) The Future of Women at Work: Transitions in the age of automation, *McKinsey Global Institute*, p 1, https://www.mckinsey.com/featured-insights/gender-equality/the-future-of-women-at-work-transitions-in-the-ageof-automation (archived at https://perma.cc/5CT7-U99N).

## 第二章　包容的基础

Angelou, M (1993) *Wouldn't Take Nothing for My Journey Now*, 1st edn, Random House Publishing Group, New York.

Jackson, A (29 August 2017) The 10 most serious problems in the world, according to millennials, *Business Insider*, https://www.businessinsider.com/world-problems-most-serious-according-tomillennials-2017-8 (archived at https://perma.cc/H6TA-99SA).

T World Bank, Poverty Overview, https://www.worldbank.org/en/topic/poverty/overview (archived at https://perma.cc/2MY2-95ZH).

Balestra, C and Tonkin, R (2018) Inequalities in Household Wealth Across OECD Countries: Evidence from the OECD Wealth Distribution Database, *OECD Statistics Working Papers*, No.2018/01, p 38, OECD Publishing, Paris, https://doi.org/10.1787/7e1bf673-en (archived at https://perma.cc/7NQ8-ABQT).

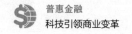

Partington, R (13 May 2019) Britain Risks Heading to US Levels of Inequality, Warns Top Economist, *The Guardian*, https://www.theguardian.com/ inequality/2019/may/14/britain-risks-heading-to-uslevels-of-inequality-warns-top-economist (archived at https://perma.cc/9SWM-HBNX).

Collins, C, Ocampo, O, and Paslaski, S (2020) Billionaire Bonanza 2020: Wealth windfalls, tumbling taxes, and pandemic profiteers, *Institute for Policy Studies*, p 1, https://inequality.org/great-divide/billionaire-bonanza-2020/ (archived at https://perma.cc/PNZ7-W9S9).

Inequality.org, Global Inequality, https://inequality.org/facts/globalinequality/ (archived at https://perma.cc/Y5MD-H3DF).

Shorrocks, A, Davies, J and Lluberas, R (2019) Global Wealth Report 2019, *Credit Suisse Research Institute*, pp 5 & 13, https://www.creditsuisse.com/ about-us/en/reports-research/global-wealth-report.html (archived at https:// perma.cc/X5MW-A7FH).

Shorrocks, A, Davies, J and Lluberas, R (2019) Global Wealth Report 2019, *Credit Suisse Research Institute*, pp 5 & 13, https://www.creditsuisse.com/ about-us/en/reports-research/global-wealth-report.html (archived at https:// perma.cc/X5MW-A7FH).

UN Women (2018) Turning Promises into Action: Gender equality in the 2030 Agenda for Sustainable Development', *SDG monitoring report, UN Women*, New York, pp 2 & 5, https://www.unwomen.org/en/digitallibrary/sdg-report (archived at https://perma.cc/MH4T-WUCN).

Shontell, A and Akhtar, A (9 May 2019) Women spend 7 more years working than men and get no money or credit for it, *Business Insider*, https://www. businessinsider.com/melinda-gates-unpaid-work-womenmen-2019-5 (archived at https://perma.cc/AA7G-GR7R).

Oxfam International (2020) Time to Care: Unpaid and underpaid care work and the global inequality crisis', p 10, https://indepth.oxfam.org.uk/time-to-care/ (archived at https://perma.cc/E9WB-S8N7) 13 World Bank (19 April 2018) Financial Inclusion on the Rise, But Gaps Remain, Global Findex Database Shows, *The World Bank*, https://www.worldbank.org/en/news/press-release/2018/04/19/ financial-inclusion-on-the-rise-but-gaps-remain-global-findexdatabase-shows (archived at https://perma.cc/3CUR-HCGK).

FAO, IFAD, UNICEF, WFP and WHO (2020) The State of Food Security and Nutrition in the World 2020, *Transforming food systems for affordable healthy diets*, pp 3 & 23, http://www.fao.org/3/ca9692en/online/ca9692en.html (archived at https://perma.cc/2GK4-J5X4).

Food and Agricultural Organization of the United Nations (2020) *Tracking progress on food and agriculture-related SDG indicators 2020*, http://www.fao.org/sdg-progress-report/en/ (archived at https://perma.cc/J2YA-V9FU).

FAO, IFAD, UNICEF, WFP and WHO (2020) The State of Food Security and Nutrition in the World 2020, *Transforming food systems for affordable healthy diets*, pp 3 & 23, http://www.fao.org/3/ca9692en/online/ca9692en.html (archived at https://perma.cc/2GK4-J5X4).

UN-Water, Water, Sanitation and Hygiene, https://www.unwater.org/water-facts/water-sanitation-and-hygiene/ (archived at https://perma.cc/3MG7-582R).

UN-Water, Water, Sanitation and Hygiene, https://www.unwater.org/water-facts/water-sanitation-and-hygiene/ (archived at https://perma.cc/3MG7-582R).

United Nations (2019) World Population Prospects 2019: Highlights, p 1, United Nations Department of Economic and Social Affairs, Population Division, New

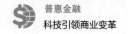
York, https://population.un.org/wpp/Publications/Files/WPP2019_Highlights. pdf (archived at https://perma.cc/RB53-9Y2S).

National Institution for Transforming India (2019) Composite Water Management Index, New Delhi, p 27 & 29, https://niti.gov.in/sites/default/files/2019-08/CWMI-2.0-latest.pdf (archived at https://perma.cc/YE8P-966A).

National Institution for Transforming India (2019) Composite Water Management Index, New Delhi, p 27 & 29, https://niti.gov.in/sites/default/files/2019-08/CWMI-2.0-latest.pdf (archived at https://perma.cc/YE8P-966A).

PwC/CB Insights (2020) Venture Capital Funding Report Q2 2020, p 46, https://www.cbinsights.com/research/report/venturecapital-q2-2020/ (archived at https://perma.cc/3ZGG-CFSF).

Atkinson, R, Muro, M and Whiton, J (9 December 2019) The Case For Growth Centers: How to spread tech innovation across America, *Brookings*, https://www.brookings.edu/research/growth-centers-howto-spread-tech-innovation-across-america/ (archived at https://perma.cc/5RYG-AFGL).

Dougherty, C (29 December 2019) California Is Booming. Why are so many Californians unhappy?, *The New York Times*, https://www.nytimes.com/2019/12/29/business/economy/california-economyhousing-homeless.html (archived at https://perma.cc/EU3K-LQ53).

Farha, L (2018) Report of the Special Rapporteur on adequate housing as a component of the right to an adequate standard of living, and on the right to non-discrimination in this context, *General Assembly of the United Nations*, http://www.undocs.org/A/73/310/rev.1 (archived at https://perma.cc/L5T7-9M9S).

Lenhart, A, Swenson, H, and Schulte, B (12 December 2019) *Navigating Work*

*And Care:* Struggling to balance work and care, *New America*, https://www.newamerica.org/better-life-lab/reports/navigating-work-and-care/ (archived at https://perma.cc/838DWAYR).

Dow, D M (2019) *Mothering While Black: Boundaries and burdens of middle-class parenthood*, University of California Press, Oakland 28 UN Women (2018) Turning Promises into Action: Gender equality in the 2030 Agenda for Sustainable Development', *SDG monitoring report, UN Women*, New York, pp 2 & 5, https://www.unwomen.org/en/digital-library/sdg-report (archived at https://perma.cc/MH4TWUCN).

Gates, M 15 (July 2020) The Pandemic's Toll on Women: COVID-19 is gender-blind, but not gender-neutral, *Foreign Affairs*, https://www.foreignaffairs.com/articles/world/2020-07-15/melinda-gatespandemics-toll-women (archived at https://perma.cc/QYA9-QRQN).

Citigroup (2020) Closing the Racial Inequality Gaps, Citi GPS: Global perspectives and solutions, pp 22 & 34, https://ir.citi.com/NvIUklHPilz14Hwd3oxqZBLMn1_XPqo5FrxsZD0x6hhil84ZxaxEu JUWmak51UHvYk75VKeHCMI%3D (archived at https://perma.cc/T4U9-VBRT).

Citigroup (2020) Closing the Racial Inequality Gaps, Citi GPS: Global perspectives and solutions, pp 22 & 34, https://ir.citi.com/NvIUklHPilz14Hwd3oxqZBLMn1_XPqo5FrxsZD0x6hhil84ZxaxEu JUWmak51UHvYk75VKeHCMI%3D (archived at https://perma.cc/T4U9-VBRT).

OECD/European Union (2019) The Missing Entrepreneurs 2019: Policies for inclusive entrepreneurship, *OECD Publishing*, Paris, https://doi.org/10.1787/3ed84801-en (archived at https://perma.cc/Q8V5-XWDR).

## 第三章　颠覆的力量

Keller, H and Updike, D B (1903) *Optimism: An Essay*, p 56, T Y Crowell, Germany

World Bank (2018) The Global Findex Database 2017, pp 4, 39–40 & 124, https://globalfindex.worldbank.org/ (archived at https://perma.cc/EJK2-FLNT)

World Bank (2018) The Global Findex Database 2017, pp 4, 39–40 & 124, https://globalfindex.worldbank.org/ (archived at https://perma.cc/EJK2-FLNT)

World Bank (2018) The Global Findex Database 2017, pp 4, 39–40 & 124, https://globalfindex.worldbank.org/ (archived at https://perma.cc/EJK2-FLNT).

Reuters (3 April 2019) M-Pesa helps drive up Kenyans' access to financial services, https://www.reuters.com/article/kenya-banking/m-pesa-helps-drive-up-kenyans-access-to-financial-services-studyidUSL8N21L2HK (archived at https://perma.cc/N9KV-MQMX).

Quartz (5 October 2019) Mobile-based lending is a double-edged sword in Keny – helping but also spiking personal debt, https://qz.com/africa/1722613/mobile-money-lending-in-kenya-helps-but-alsospikes-debt/ (archived at https://perma.cc/8PXN-9D84).

World Bank (2018) The Global Findex Database 2017, pp 4, 39–40 & 124, https://globalfindex.worldbank.org/ (archived at https://perma.cc/EJK2-FLNT)

World Economic Forum (2019) Global Gender Gap Report 2020, Mind the 100 Year Gap, Geneva, Switzerland, p 12, https://www.weforum.org/reports/gender-gap-2020-report-100-years-pay-equality (archived at https://perma.cc/X8AS-M73S).

FDIC (2018) Share of US Households without a Bank Account Continues to Drop, https://www.fdic.gov/news/press-releases/2018/pr18077.html (archived at https://perma.cc/Z8GH-U88N).

Financial Health Network (2019) US Financial Health Pulse 2019 Trends Report, Chicago, Illinois, pp 5 & 14, https://finhealthnetwork.org/programs-and-events/u-s-financial-health-pulse/ (archived at https://perma.cc/NX36-9GFG).

Financial Health Network (2019) US Financial Health Pulse 2019 Trends Report, Chicago, Illinois, pp 5 & 14, https://finhealthnetwork.org/programs-and-events/u-s-financial-health-pulse/ (archived at https://perma.cc/NX36-9GFG).

Gov.UK (2019) Financial inclusion report 2018–2019, HM Treasury Department for Work & Pensions, p 4, https://www.gov.uk/government/publications/financial-inclusion-report-2018-to-2019 (archived at https://perma.cc/P96U-LBQ9).

FINCA, The Challenge: Alleviating Poverty through Lasting Solutions, https://finca.org/why-finca/finca-challenge/ (archived at https://perma.cc/4L82-3LD9)

World Bank, Universal Financial Access 2020, https://ufa.worldbank.org/ (archived at https://perma.cc/3HUR-ZB52).

World Bank, Financial Inclusion: Financial inclusion is a key enabler to reducing poverty and boosting prosperity, https://www.worldbank.org/en/topic/financialinclusion/overview (archived at https://perma.cc/JZ8D-MJT3).

World Bank, Financial Inclusion: Financial inclusion is a key enabler to reducing poverty and boosting prosperity, https://www.worldbank.org/en/topic/financialinclusion/overview (archived at https://perma.cc/JZ8D-MJT3).

Friedman, M (13 September 1970) The Social Responsibility of Business Is to Increase Its Profits, *The New York Times*, https://www.nytimes.com/1970/09/13/archives/a-friedman-doctrine-the-socialresponsibility-of-business-is-to.html

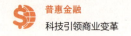
(archived at https://perma.cc/5PK7-39U9).

Paypal, *PayPal About*, https://www.paypal.com/webapps/mpp/about (archived at https://perma.cc/P5SR-3NGR).

Mangalindan, JP (25 September 2017) PayPal CEO: It's expensive to be poor, *Yahoo Finance*, https://finance.yahoo.com/news/paypal-ceoexpensive-poor-221202508.html (archived at https://perma.cc/U23L-7M5B).

Kauflin, J (15 October 2020) PayPal CEO Dan Schulman Explains His Strategy For Investing In Employees' Financial Health', *Forbes*, https://www.forbes.com/sites/jeffkauflin/2020/10/15/paypal-ceo-danschulman-explains-his-strategy-for-investing-in-employees-financialhealth/#9c30dfd1528b (archived at https://perma.cc/NP9K-QCBN).

Accenture (11 November 2015) Banks have a $380 Billion Market Opportunity in Financial Inclusion, https://newsroom.accenture.com/news/banks-have-a-380-billion-market-opportunity-in-financialinclusion-accenture-and-care-international-uk-study-find.htm (archived at https://perma.cc/35NL-T74M).

## 第四章 一场商业模式的重生

Strange, A (21 January 2020) Every Company Will Be a Fintech Company, *Andreessen Horowitz*, https://a16z.com/2020/01/21/every-company-will-be-a-FinTech-company/ (archived at https://perma.cc/DKC5-BQLB).

Bruno, P, Denecker, O, and Niederkorn, M (2020) *Accelerating Winds of Change in Global Payments,* The 2020 McKinsey Global Payments Report, *McKinsey & Company*, p 7, https://www.mckinsey.com/industries/financial-services/our-insights/accelerating-winds-of-changein-global-payments (archived at https://perma.cc/KMP7-A46Q).

CB Insights (2020) The State Of Fintech Q2'20 Report: Investment & sector trends to watch, https://www.cbinsights.com/research/report/fintech-trends-q2-2020/ (archived at https://perma.cc/68MJ-UPFG).

EY (2019) Global FinTech Adoption Index 2019, p 7, https://www.ey.com/en_us/ey-global-fintech-adoption-index (archived at https://perma.cc/VMV6-F8G5)

CB Insights (2020) The State Of Fintech Q2'20 Report: Investment & sector trends to watch, https://www.cbinsights.com/research/report/fintech-trends-q2-2020/ (archived at https://perma.cc/68MJ-UPFG).

Lane, E (2020) Consumer and Wealth Management, Investor Day 2020, *Goldman Sachs*, p 3, https://www.goldmansachs.com/investorrelations/investor-day-2020/ (archived at https://perma.cc/4KCULRVX).

BBVA (2020) Group BBVA 2Q20 Results, p 6, https://shareholdersandinvestors. bbva.com/wp-content/uploads/2020/09/https___www.bbva_.com_wp-content_uploads_2020_09_2Q20-BBVA-Corporate-Presentation-v2-1.pdf (archived at https://perma.cc/NNB7-A4D8).

Ensor, B (2019) BBVA Tops Forrester's 2019 Global Mobile Banking App Reviews, *Forrester*, https://go.forrester.com/blogs/bbva-topsforresters-2019-global-mobile-banking-app-reviews/ (archived at https://perma.cc/GDD2-MU7N).

BBVA (6 February 2020) Customer Net Promoter Scores Continued Upward Growth For BBVA USA's Global Wealth Team in 2019, https://www.bbva. com/en/customer-net-promoter-scores-continuedupward-growth-for-bbva-usas-global-wealth-team-in-2019/ (archived at https://perma.cc/8ZU8-A4SE).

CB Insights (2020) The State Of Fintech Q2'20 Report: Investment & sector trends to watch, https://www.cbinsights.com/research/report/fintech-

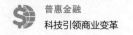

trends-q2-2020/ (archived at https://perma.cc/68MJ-UPFG).

World Bank (19 April 2018) Financial Inclusion on the Rise, But Gaps Remain, Global Findex Database Shows, https://www.worldbank.org/en/news/press-release/2018/04/19/financial-inclusionon-the-rise-but-gaps-remain-global-findex-database-shows (archived at https://perma.cc/KE2C-EM8B).

Grab, Grab Corporate Profile, https://assets.grab.com/wp-content/uploads/media/Grab_CompanyProfile_May2020_final.pdf (archived at https://perma.cc/J7RB-RJXW).

Carandang, B (13 June 2019) How FinTech is Setting Southeast Asia's SMEs Free', *World Economic Forum Agenda*, https://www.weforum.org/agenda/2019/06/fintech-is-driving-financial-inclusion-insoutheast-asia/ (archived at https://perma.cc/ZTT5-JC9G), (accessed 4 October 2020).

Yoon, S and Hillyer, M (16 June 2020) These are the World Economic Forum's Technology Pioneers of 2020, *World Economic Forum*, https://www.weforum.org/agenda/2020/06/technology-pioneers-2020/(archived at https://perma.cc/F67G-AXJA).

Lau, T and Akkaraju, U (12 November 2019) When Algorithms Decide Whose Voices Will Be Heard, *Harvard Business Review*, https://hbr.org/2019/11/when-algorithms-decide-whose-voice-will-beheard (archived at https://perma.cc/XG7K-4NUT).

Desjardins, J (17 April 2019) How much data is generated each day?, *World Economic Forum Agenda*, https://www.weforum.org/agenda/2019/04/how-much-data-is-generated-each-day-cf4bddf29f/(archived at https://perma.cc/6K58-QSLB).

CB Insights (2020) The Fintech 250: The top Fintech companies of 2020, https://www.cbinsights.com/research/report/fintech-250-startups-most-promising/ (archived at https://perma.cc/RL5CCRV2).

Nelson Mandela Foundation, Education Initiatives, https://www.nelsonmandela.org/content/page/nm100-education (archived at https://perma.cc/G5KM-U8MJ).

## 第五章　服务边缘人群

New York Times, The (20 June 1932) "Einstein is Terse in Rule For Success", p 17, https://timesmachine.nytimes.com/timesmachine/1932/06/20/100766197.html?pageNumber=17 (archived at https://perma.cc/Y7PY-38X6).

Betterment (2018) Gig Economy and The Future of Retirement, https://www.betterment.com/uploads/2018/05/The-Gig-Economy-Freelancing-and-Retirement-Betterment-Survey-2018_edited.pdf (archived at https://perma.cc/48Z7-9RHW).

Google & Temasek/Bain, e-Conomy SEA 2019, *Google*, pp 4 & 45, https://www.blog.google/documents/47/SEA_Internet_Economy_Report_2019.pdf (archived at https://perma.cc/J96A-B6M8).

Google & Temasek/Bain, e-Conomy SEA 2019, *Google*, pp 4 & 45, https://www.blog.google/documents/47/SEA_Internet_Economy_Report_2019.pdf (archived at https://perma.cc/J96A-B6M8).

AARP (2019) The Longevity Economy Outlook, p 4, https://www.aarp.org/content/dam/aarp/research/surveys_statistics/econ/2019/longevity-economy-outlook.doi.10.26419-2Fint.00042.001.pdf (archived at https://perma.cc/YE5W-4CPF).

Cohn, D and Passel, J (5 April 2018) A Record 64 Million Americans Live in Multigenerational Households, *Pew Research Center*, https://www.pewresearch.org/fact-tank/2018/04/05/a-record-64-millionamericans-live-in-multigenerational-

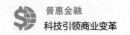
households/ (archived at https://perma.cc/3GCY-3LHR).

Rosenbloom, S (2 November 2006) Here Come the Great-Grandparents, *The New York Times*, https://www.nytimes.com/2006/11/02/fashion/02parents.html (archived at https://perma.cc/TU23-MYJW).

Azoulay, P, Jones, B F, Kim, J D and Miranda, J (11 July 2018 ) Research: The Average Age of a Successful Startup Founder Is 45, *Harvard Business Review*, https://hbr.org/2018/07/research-theaverage-age-of-a-successful-startup-founder-is-45 (archived at https://perma.cc/VF2Z-8M8Z).

Office of Financial Protection for Older Americans (February 2019) Suspicious Activity Reports on Elder Financial Exploitation: Issues and Trends, *Consumer Financial Protection Bureau*, https://files.consumerfinance.gov/f/documents/cfpb_suspicious-activity-reportselder-financial-exploitation_report.pdf (archived at https://perma.cc/N5R5-QZ2V), p 8.

Cohn, D and Passel, J (5 April 2018) A Record 64 Million Americans Live in Multigenerational Households, *Pew Research Center*, https://www.pewresearch.org/fact-tank/2018/04/05/a-record-64-millionamericans-live-in-multigenerational-households/ (archived at https://perma.cc/9W6U-3VKN).

Andriotis, A (2 February 2019) Over 60, and Crushed by Student Loan Debt, *Wall Street Journal*, https://www.wsj.com/articles/over-60-and-crushed-by-student-loan-debt-11549083631 (archived at https://perma.cc/NY9L-2ESB).

Irving, P, Beamish, R and Burstein, A (12 June 2019) Silver to Gold: The business of aging, *Milken Institute*, https://milkeninstitute.org/reports/silver-gold-business-aging (archived at https://perma.cc/E9GE-9Q69).

United Nations (2015) World Population Ageing, p 1, https://www.un.org/en/development/desa/population/publications/pdf/ageing/WPA2015_Highlights.

pdf (archived at https://perma.cc/2FEQHWAZ).

Credit Suisse (10 October 2019) Gender Diversity is Good for Business, https://www.credit-suisse.com/about-us-news/en/articles/news-and-expertise/cs-gender-3000-report-2019-201910.html (archived at https://perma.cc/3CSU-6EYU).

Women Who Code (30 March 2020) Women Who Code Equal Pay Day Report, https://www.womenwhocode.com/blog/women-whocode-equal-pay-day-report (archived at https://perma.cc/TL4E-3Q6R).

Citi (September 2020) Closing the Racial Inequality Gap: The economic cost of Black inequality in the US, p 7, https://www.citivelocity.com/citigps/closing-the-racial-inequality-gaps/ (archived at https://perma.cc/5NNP-55YY).

Catalyst (31 January 2020) Too Few Women of Color on Boards: Statistics and solutions, https://www.catalyst.org/research/womenminorities-corporate-boards/ (archived at https://perma.cc/4ANT-LHZT).

Mathur, P (8 October 2020) Quarterly VC Funding For Female Founders Drops to Three-year Low, *Pitchbook*, https://pitchbook.com/news/articles/vc-funding-female-founders-drops-low (archived at https://perma.cc/74RK-CHA5).

Village Capital, "10 Years of Impact", https://vilcap.com/results (archived at https://perma.cc/DF2D-CGTS).

Sunrise Banks (2020) *Social Impact: Community involvement*, https://sunrisebanks.com/social-impact/community-involvement/ (archived at https://perma.cc/G3D3-DZ8T).

## 第六章　盈利的难题

Shorrocks, A, Davies, J and Lluberas, R (2019) Global Wealth Report 2019, *Credit Suisse Research Institute*, p 2, https://www.credit-suisse.com/about-us/

en/reports-research/global-wealth-report.html (archived at https://perma.cc/X5MW-A7FH).

Boushey, H (2019) *Unbound: How inequality constricts our economy and what we can do about it*, Harvard University Press, Cambridge Massachusetts.

Inequality.org *Global Inequality*, https://inequality.org/facts/globalinequality/ (archived at https://perma.cc/5RCS-3WMW).

Boushey, H (2020) Vision 2020: Evidence for a stronger economy, Washington Center for Equitable Growth, p 226, https://equitablegrowth.org/wp-content/uploads/2020/02/v2020-bookforweb.pdf (archived at https://perma.cc/CH7A-VZWW).

Samans, R (22 January 2018) A New Way to Measure Economic Growth and Progress, *World Economic Forum Agenda*, https://www.weforum.org/agenda/2018/01/towards-a-new-measure-of-growth/(archived at https://perma.cc/9ZLM-FYJ2).

Mishel, L and Kandra, J (18 August 2020) CEO Compensation Surged 14% in 2019 to $21.3 million: CEOs now earn 320 times as much as a typical worker, *Economic Policy Institute*, https://www.epi.org/publication/ceo-compensation-surged-14-in-2019-to-21-3-million-ceos-now-earn-320-times-as-much-as-a-typical-worker/(archived at https://perma.cc/WS2E-XTWL).

B Corp, *Certified B. Corporation*, https://bcorporation.net/ (archived at https://perma.cc/W4YR-6QL9).

Tony's Chocolonely, Annual FAIR Report 18–19, https://tonyschocolonely.com/us/en/annual-fair-reports/annual-fairreport-18-19 (archived at https://perma.cc/P7K9-FZG6).

California Credit Union League, *The Credit Union Movement*, https://ccul.org/about-us/credit-union-movement (archived at https://perma.cc/6AZC-6DBK).

National Credit Union Administration, *NCUA 2019 Annual Report*, https://www.ncua.gov/files/annual-reports/annual-report-2019.pdf (archived at https://perma.cc/N6SF-H4LJ).

World Council of Credit Unions (2018) 2018 Statistical Report, https://www.woccu.org/our_network/statreport (archived at https://perma.cc/67AD-NTDX)

Building Societies Association, *About the BSA*, https://www.bsa.org. uk/about-us/about-us (archived at https://perma.cc/Q33U-PCPM).

Inman, P (28 September 2008) How Turning Into Banks Led To Ruins, *The Guardian*, https://www.theguardian.com/business/2008/sep/29/bradfordbingley. creditcrunch (archived at https://perma.cc/5BLL-A9YW).

Omidyar Network and Oliver Wyman (2018) Breaking New Ground In Fintech, A Primer on Revenue Models That Create Value and Trust, https://www.omidyar.com/insights/breaking-new-ground (archived at https://perma.cc/CWX3-PAZW).

## 第七章　传播善举的领导力

Gates, H L and Wells, I B (2014) *The Light of Truth: Writings of an anti-lynching crusader*, Penguin Publishing Group, United States.

Join Center for Political and Economic Studies, Expand Internet Access Among Black Households, https://jointcenter.org/expandinternet-access-among-black-households/ (archived at https://perma.cc/2K5H-F2YK).

Essence (14 May 2020) ESSENCE Releases Impact Of COVID-19 On Black Women Study, https://www.essence.com/health-and-wellness/essence-covid-19-black-women-study/ (archived at https://perma.cc/6A38-RR2N).

Herold, B 10 (April 2020) The Disparities in Remote Learning Under Coronavirus (in Charts), *Education Week*, https://www.edweek.org/ew/

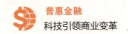
articles/2020/04/10/the-disparities-in-remote-learning-undercoronavirus.html (archived at https://perma.cc/YC3Y-EVMN).

Obama, President Barack (14 January 2015) Remarks by the President on promoting community broadband, *The White House*, https://obamawhitehouse. archives.gov/the-press-office/2015/01/14/remarks-president-promoting-community-broadband (archived at https://perma.cc/7S7B-D2S3).

Canadian Radio-television and Telecommunications Commission (2020) Communications Monitoring Report 2019, p 20, https://crtc.gc.ca/pubs/cmr2019-en.pdf (archived at https://perma.cc/WU6FG6VB).

Bhawan, M and Marg, J (20 August 2020) Consultation Paper on Roadmap to Promote Broadband Connectivity and Enhanced Broadband Speed, *Telecom Regulatory Authority of india (TRAI)*, p 78, https://www.trai.gov.in/sites/default/files/Broadband_CP_20082020.pdf (archived at https://perma.cc/P72D-ZW3T)

Sapkal, R (5 June 2020) India's Digital Divide, *India Legal*, https://www.indialegallive.com/special-story/indias-digital-divide/ (archived at https://perma.cc/GVP4-SX85).

Mercer, *Creative Ideas to Support Working Parents During the Caregiver Crisis*, https://www.mercer.us/our-thinking/healthcare/creative-ideas-to-support-working-parents-during-the-caregiver-crisis.html (archived at https://perma.cc/V9AD-V6CS).

Georgieva, K, Fabrizio, S, Lim, C H and Tavares, M M (21 July 2020) The COVID-19 Gender Gap, *IMF Blog*, https://blogs.imf.org/2020/07/21/the-covid-19-gender-gap/ (archived at https://perma.cc/3TRD-PJ33).

Singer-Velush, N, Sherman, K and Anderson, E (15 July 2020) Microsoft Analyzed Data on Its Newly Remote Workforce, *Harvard Business Review*, https://hbr.org/2020/07/microsoft-analyzed-data-onits-newly-remote-workforce (archived at https://perma.cc/R6J6-JA3P).

Kramer, S (12 December 2019) US Has World's Highest Rate of Children Living in Single-Parent Households, *Pew Research Center*, https://www. pewresearch.org/fact-tank/2019/12/12/u-s-children-morelikely-than-children-in-other-countries-to-live-with-just-one-parent/(archived at https://perma.cc/A4TP-S5XU).

Smith, B (30 June 2020) Microsoft launches initiative to help 25 million people worldwide acquire the digital skills needed in a COVID-19 economy, *The Official Microsoft Blog*, https://blogs.microsoft.com/blog/2020/06/30/microsoft-launches-initiative-to-help-25-million-people-worldwide-acquire-the-digital-skills-needed-in-acovid-19-economy/ (archived at https://perma.cc/JA7C-SYFA).

Foundation For The Carolinas (2017) *The Charlotte-Mecklenburg Opportunity Task Force Report*, p1, https://www.fftc.org/sites/default/files/2018-05/LeadingOnOpportunity_Report.pdf (archived at https://perma.cc/2692-BB8J)

Charlotte Digital Inclusion Alliance, Digital Inclusion Playbook, p 15, https://www.charlottedigitalinclusionalliance.org/playbook.html (archived at https://perma.cc/7CXY-9CX3).

Federal Communications Commission (2019) 2019 Broadband Deployment Report, p 2 https://docs.fcc.gov/public/attachments/FCC-19-44A1.pdf (archived at https://perma.cc/S32W-XQW2).

Kahan, J (8 April 2019) It's Time For a New Approach For Mapping Broadband Data to Better Serve Americans, *Microsoft On The Issues*, https://blogs.microsoft.com/on-the-issues/2019/04/08/its-time-for-anew-approach-for-mapping-broadband-data-to-better-serveamericans/(archived at https://perma.

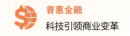

cc/8PSC-QAPL).

Inequality.org (18 September 2020) Updates: Billionaire Wealth, US Job Losses and Pandemic Profiteers, *Billionaire Bonanza 2020 Updates*, https://inequality.org/ billionaire-bonanza-2020-updates/(archived at https://perma.cc/UPR4-Z9E6).

Mishel, L and Kandra, J (18 August 2020) CEO Compensation Surged 14% in 2019 to $21.3 Million, *Economic Policy Institute*,https://www.epi.org/ publication/ceo-compensation-surged-14-in-2019-to-21-3-million-ceos-now-earn-320-times-as-much-as-a-typicalworker/(archived at https://perma.cc/ WS2E-XTWL).

Flourish Ventures (2020) The Digital Hustle: Gig worker financial lives under pressure – Brazil spotlight, pp 3–6, https://flourishventures.com/wp-content/ uploads/2020/06/Flourish-Ventures-Gig-Worker-Study-Brazil-Spotlight.pdf (archived at https://perma.cc/GM4T-BAYJ).

Ehrbeck, T, Gupta, H, Klemperer, S and Ramachandran, A (2020) The Digital Hustle: Gig worker financial lives under pressure – India spotlight, *Flourish Ventures*, pp 3–8, https://flourishventures.com/wp-content/uploads/2020/09/ FlourishVentures-india-gig-workerresearch-September-2020.pdf (archived at https://perma.cc/A5ZX-2KL9).

Aggarwal, S, Ehrbeck, T and Klemperer, S (2020) The Digital Hustle: Gig worker financial lives under pressure – Indonesia spotlight, *Flourish Ventures*, pp 3–5, https://flourishventures.com/wp-content/uploads/2020/09/Flourish-Ventures-Digital-Hustle-Gig-Worker-Indonesia-2020.pdf (archived at https:// perma.cc/CW7R-9TY8).

Office of Advocacy (30 January 2019) Small Businesses Generate 44 Percent of US Economic Activity, *US Small Business Administration*, https://advocacy.

sba.gov/2019/01/30/small-businesses-generate-44-percent-of-u-s-economic-activity/ (archived at https://perma.cc/9XVM-NM5N).

Mills, C and Battisto, J (2020) Double Jeopardy:COVID-19's Concentrated Health and Wealth Effects in Black Communities, Federal Reserve of New York, p 2, https://www.newyorkfed.org/medialibrary/ media/smallbusiness/ DoubleJeopardy_COVID19andBlackOwned Businesses (archived at https:// perma.cc/NZK4-L25L).

Austin, A (20 April 2016) The Color of Entrepreneurship: Why the racial gap among firms costs the US billions, *Center for Global Policy Solution*, http:// globalpolicysolutions.org/report/color-entrepreneurshipracial-gap-among-firms-costs-u-s-billions/ (archived at https://perma.cc/6EL9-JZCN).

Krishnakumar, A (2020) *Quantum Computing and Blockchain in Business: Exploring the Applications, Challenges, and Collision of Quantum Computing and Blockchain*, Packt Publishing, UK.

## 第八章　向前的道路

Senge, P M (2010) *The Fifth Discipline: The art & practice of the learning organization*, pp 68, 73 & 209, Crown, United States.

Dreier, L, Nabarro, D and Nelson, J (24 September 2020) Systems Leadership Can Change the World – But What Exactly Is It, *The World Economic Forum*, https://www.weforum.org/agenda/2019/09/systems-leadership-can-change-the-world-but-what-does-it-mean/(archived at https://perma.cc/287T-76PB).

Briskin, A (1998) *The Stirring of Soul in the Workplace*, p 92,Berrett-Koehler Publishers, United States.

Briskin, A (1998) *The Stirring of Soul in the Workplace*, p 143, Berrett-Koehler Publishers, United States.

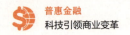

Senge, P M (2010) *The Fifth Discipline: The art & practice of the learning organization*, p 68, Crown, United States.

Senge, P M (2010) *The Fifth Discipline: The art & practice of the learning organization*, p 73, Crown, United States.

Senge, P M (2010) *The Fifth Discipline: The art & practice of the learning organization*, p 209, Crown, United States.

Rowley, J (8 January 2020) The Q4/EOY 2019 Global VC Report: A Strong End To A Good, But Not Fantastic, Year, *Crunchbase*, https://news.crunchbase.com/news/the-q4-eoy-2019-global-vc-report-astrong-end-to-a-good-but-not-fantastic-year/ (archived at https://perma.cc/M2HK-4CJG).

UN Environment Programme (19 September 2019) Chinese Initiative Ant Forest Wins UN Champions of the Earth Award, https://www.unenvironment.org/news-and-stories/press-release/chinese-initiativeant-forest-wins-un-champions-earth-award (archived at https://perma.cc/6UNT-V7W8).

Bill & Melinda Gates Foundation (1998) *Financial Services for the Poor: Strategy Overview* https://www.gatesfoundation.org/What-We-Do/Global-Growth-and-Opportunity/Financial-Services-for-the-Poor (archived at https://perma.cc/2C6X-HZ7H).

Bull, G L, Grown, C, Guermazi, B, Rutkowski, M, Uttamchandani, M (19 August 2020) Building Back Better Means Designing Cash Transfers For Women's Empowerment, *World Bank Blogs*, https://blogs.worldbank.org/voices/building-back-better-means-designingcash-transfers-womens-empowerment (archived at https://perma.cc/MDH5-G2E2).

Naghavi, N (2020) State of the Industry Report on Mobile Money 2019', *GSMA*, https://www.gsma.com/sotir/wp-content/uploads/2020/03/GSMA-State-of-the-Industry-Report-on-Mobile-Money-2019-Full-Report.pdf (archived at https://perma.cc/2HFQ-F49G).

Jack, A (23 February 2020) MBA Students and Employers Demand "Profitable Solutions for People and Planet", *Financial Times*, https://www.ft.com/content/c4be5690-3b91-11ea-b84f-a62c46f39bc2 (archived at https://perma.cc/F8KU-AQBH).

## 第九章　内心和观念向行动转变

Le Joly, E and Chaliha, J (1998) *Reaching Out in Love: Stories Told By Mother Teresa*, Penguin Books, London.

Martinetti, C (July 22 2020) Hantz Févry of Stoovo: My Life As a Twenty-Something Founder, https://medium.com/authority-magazine/hantz-f%C3%A9vry-of-stoovo-my-life-as-a-twenty-somethingfounder-88046feadd0c (archived at https://perma.cc/76A4-TTV6).

LEGO Ventures, *Portfolio*, https://legoventures.com/portfolio/(archived at https://perma.cc/V9L5-2PHT).

OA online (30 September 2020) HOMER, a BEGiN Brand, Raises $50 Million From LEGO Ventures, Sesame Workshop and Gymboree Play & Music, https://www.oaoa.com/news/business/homer-a-begin-brandraises-50-million-from-lego-ventures-sesame-workshop-and-gymboreeplay/article_5705abaa-d537-58ef-ba10-480b859d1d51.html (archived at https://perma.cc/4SDZ-N39S).

## 后记　普惠金融原则

Havel, V (12 May 1995) *Radical Renewal of Human Responsibility*, Harvard University Commencement Speech, http://www.humanity.org/voices/commencements/vaclav-havel-harvard-universityspeech-1995 (archived at https://perma.cc/4SSQ-E45G).